◄ 晚年的弗洛伊德。弗洛伊德与妻子玛莎·贝尔奈斯相伴57年，养育了6个孩子，一生婚姻幸福。

◄ 18世纪，恋爱中的年轻人（加拿大报刊插图）。少年向两个小孩打听他们姐姐的行踪，害羞的女孩则躲在两个孩子的身后，透露了爱情的甜蜜与羞涩。

◄ 1913年，弗洛伊德与小女儿安娜在公园散步。

◄ 17世纪的婚礼仪式。可以看到新娘站在新郎左边，据说是因为古时候抢婚成风，新郎需要用左手护住未来的新娘，右手出剑打败并赶走其他抢婚的人。

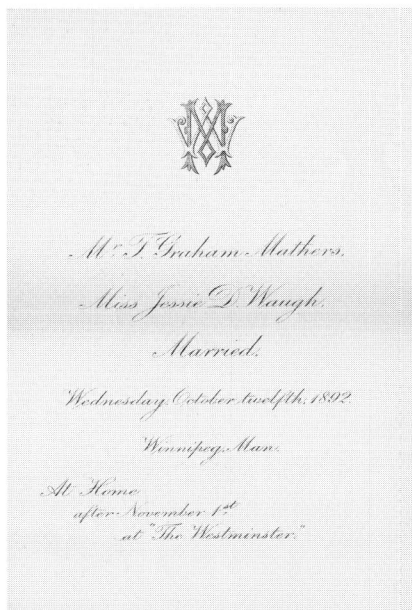

▲ 19世纪的婚礼通知。一对情侣将在1892年10月12日周三举行婚礼，通知亲友参加。

▲ 19世纪身着紧身衣的女舞者。16世纪，紧身衣被作为女子束身的必要服饰固定下来，紧身衣会帮助女性维持着提臀收腹的姿态，增加吸引力。

▲ 基卡普人妇女的着装，照片拍摄于1900年。其社会由父系氏族组成，实行族外婚制。

▲ 维多利亚时代的一个妇女晨起洗漱。当时，对于女性的限制非常严格，丈夫可以轻易跟妻子离婚，妻子却不能主动与丈夫离婚；妇女婚后的嫁妆和一切收入都归丈夫所有。

▲ 1873年4月26日，欧洲一份报纸登出的插图——一对刚刚订下婚约的恋人正在欣赏订婚戒指。

▲ 两个男人正在打量一个露出脚踝的妇女。维多利亚时代，人们奉行禁欲，对女性的限制也比较严苛，露出脚踝被看作是一种很大胆的行为。

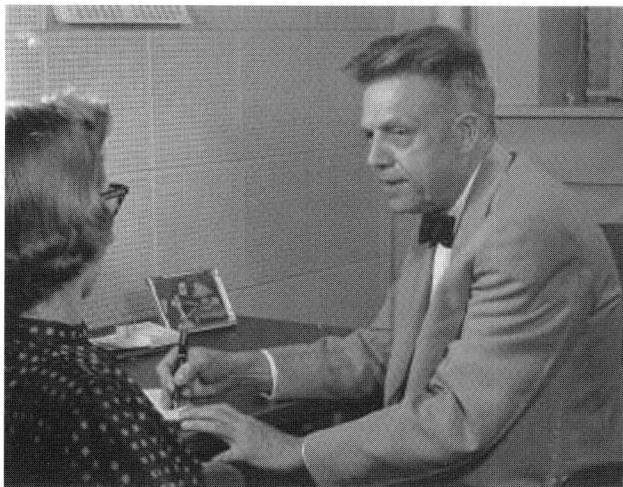

▲ 性学大师金赛博士正在为一位女士做咨询。他曾出版《人类女性性行为》等专著，轰动了整个西方社会。在金赛的影响下，休·海夫纳创立了《花花公子》杂志，并提出了影响美国文化数十年的享乐主义者哲学。

性 学 三 论

爱情心理学

AIQING XINLIXUE

[奥] 弗洛伊德（Sigmund Freud）著　李慧泉 译

民主与建设出版社
Democracy & Construction Publishing House

图书在版编目（CIP）数据

爱情心理学 / (奥) 西格蒙德·弗洛伊德著；李慧
泉译. —— 北京：民主与建设出版社，2016.7（2018.3重印）

ISBN 978-7-5139-1126-9

Ⅰ.①爱… Ⅱ.①西… ②李… Ⅲ.①恋爱心理学
Ⅳ.①C913.1

中国版本图书馆CIP数据核字（2016）第149270号

爱情心理学

AIQING XINLIXUE

出 版 人：许久文

作 　 者：西格蒙德·弗洛伊德

责任编辑：李保华

封面设计：久品轩

出版发行：民主与建设出版社有限责任公司

电 　 话：(010)59419778　59417745

社 　 址：北京市朝阳区阜通东大街融科望京中心B座601室

邮 　 编：100102

印 　 刷：天津安泰印刷有限公司

版 　 次：2016年9月第1版　2018年3月第3次印刷

开 　 本：880×1280mm　1/32

印 　 张：7

字 　 数：130千字

书 　 号：ISBN 978-7-5139-1126-9

定 　 价：32.00元

注：如有印、装质量问题，请与出版社联系。

作为精神分析学派的鼻祖，提起西格蒙德·弗洛伊德，人们马上就会联想到的作品恐非《梦的解析》莫属，但如果你对精神分析领域稍有涉猎，肯定也会对另一部著作印象深刻，这就是被誉为在重要性上与《梦的解析》等量齐观的《爱情心理学》（曾译名《性学三论》）。

《爱情心理学》于1905年首次面世，是弗洛伊德开性学先河之作。在这部作品中，弗洛伊德运用精神分析法，结合实际病例，对人类从幼儿期到青春期的性发展进行了梳理，以性的对象、目的以及表现方法等方面为着眼点，对性的问题进行了系统的分析、研究。

与弗洛伊德以往作品不同的是，《爱情心理学》的文字更为简明易懂，而其中对人类性欲，尤其是幼儿性欲的直白描述，更使得该书一面世，就遭到了保守主义者们的严厉抨击。

但这一切都无法遮盖这部心理学巨著的光芒，其后数年间的多次再版，充分说明了它的受众之广，而其影响之深更刷新了西方社会对"性"的认知。直至今日，书中提到的对儿童性教育的重要性仍对人类社会起着振聋发聩的作用。

本书为《爱情心理学》金赛点评版，正文由"性学三论"和"爱情心理学"两部分组成。其中"性学三论"共分三章，分别为性变态、儿童的性欲望和青春期的变化。主要阐述了性变态的类型以及它与心理疾病患者之间的关系，幼儿性欲的来源、表现还有青春期性幼儿性活动的一系列变化以及弗氏著名的原欲理论。第二部分也就是爱情心理学，对男人畸恋的特殊类型、精神性阳痿、处女禁忌之谜以及文明社会的性道德对人类的影响作了精彩分析。

值得一提的是，有别于以往版本的《爱情心理学》，本书的一大亮点是添加了美国"性革命之父"阿尔弗莱德·金赛的经典语句作为点评。作为曾在美国性学领域内引爆核弹级影响的大师，金赛与弗洛伊德思想精粹的交锋，必会为读者带来全新的阅读体验。而这种理性的对峙，也更有助于我们对弗洛伊德的性学观点作出更客观、更深刻的理解。

Three Essays on the
Theroy of Sexuality

目录

第一部分　性学三论

第二部分　爱情心理学

第一部分　性学三论

第一章
性变态①

在生物学中，人们通常用"性本能"这个专业词汇来描述动物界和人类社会中对性的需求这一现象。

性需求与饥肠辘辘时寻求食物的需求是相同的。但是到目前为止，在现存的词语中，我们尚无法找出一个特别恰当的词语来形容这种类似于饥饿时觅食需求的性需求。不过，人类却自认为很明白这种性需求背后的原因和实质。

近年来，很多人已经开始将性视作为一个单纯的科学问题来加以对待，而不是先前人们仅仅能够看到的道德价值或社会习俗问题。

★金赛

---

① 本书中引用的实例多出自于克拉夫特·伊宾（Kraft Ebong）等人的著作，而本书所用到的精神分析法材料，主要来自于我和萨德格尔（Sadger）记录的事实；对此，后文中不再专门进行解释。——原注

通常，大多数人认为人在年幼时并没有性需求，这种需求是在一个人进入青春期后，伴随着个体性发育逐步完善而显现出来的，而且，该需求的最终指向是完成两性的结合，或形成有利于两性结合的条件，因此它只会发生于异性间那种不可思议的、绝无仅有的互相吸引中。不过，众多事实已经向我们证明，上面的说法根本无法立足。如果再仔细想一想，我们不难看出该论点是如何断章取义，且不全面考虑便轻率地作出判断的。

在这里，我们要引入两个词语以便更好地进行科学研究：一是"性对象"，即具有且能够展现出性诱惑的人；二是"性目的"，即性需求或性冲动想达到的结果。

结合上面几点，我们便找到了自己的研究方向：着重关注与性对象和性目的相关的性变态现象，并探究性变态与性正常的区别与联系。

第一节　"性对象"的变异

我们可以经由一个古老的传说来探知一般人是怎样看待性冲动的。据传，初始的人并没有性别差异，大家都同属于一个性别，直到后来产生了男性和女性，才将性别一分为二。异性间互相诱惑、互相吸引，在历经多番努力之后再一次融为一体。[1]

此看法一直深入人心。正因如此，当普通人闻知一些男性的爱侣是男性，女性的性伙伴是女性，而非异性时，他们就感到很不理解。为此，我们将此类只爱恋同性，而非异性的人称之为"同性恋者"。若想在表述上更为精准，我们也能够称此类人为"性颠倒者"（inverts）。到目前为止，对于已存的同性恋者数量我们尚无法准确估算，但可以肯定的是，这不会是一个小数目。[2]

> 人类遗传了动物的生理能力，对任何一种足够的刺激都可以做出相应的反应，所以，在人类中也有同性性行为。
> ★金赛

一、同性恋（也称性对象的颠倒，性颠倒）

依据同性恋者在性对象颠倒过程中所展露出的不同行为，我们可以将性颠倒者划分为三种类型。

---

[1] 见《柏拉图对话录》。——译者注。
[2] 估算同性恋者数量的详细步骤以及在该过程中遇到的阻力可参考希尔什弗德的《性学年刊》。——原注

1.绝对的同性恋

此类同性恋者的性对象始终且只能是同性。对于此类同性恋者来说，异性不仅丝毫不能引起他们的性冲动，甚至还可能导致他们对于异性产生反感，基于此反感之上的是，此类同性恋者无法同普通人一样做出正常的两性交合，即使勉强为之，也体会不到任何乐趣。因此，无论如何，异性绝对不可能成为此类同性恋的性冲动对象。

2.双性恋

此类性颠倒者对同性和异性均可能有性冲动，且自身无确切的表征。

3.偶尔同性恋者

当存在一些特别情况时，尤其是在正常的性需求得不到满足时，此类同性恋者能够以同性替代异性为性对象，继而得到性满足。

即便在同性恋人群中，针对于此类特殊性需求也存在着许多不一样的解释。有人认为正如普通人会满足自身的性欲一样，这些性颠倒者对于自己性欲的满足也是无可厚非的，而且理应让他们享受到这种权益。也有人提出，性颠倒现象乃是一种情不自禁发生的变态情形，针对该情形，性颠倒者应该尽其所能消除自身的同性恋行为。[①]

---

① 同性恋者在同性恋行为中所表现出来的纠结程度（或者克制同性恋行为的意向），通常

另外，同性恋在病症发作的时间上也有差别。有些人的发病时间可能会早于他能够记事的年龄，也有人在他进入青春期之后才可能表现出来。①这些症状也许会伴随一生，也许会作为人生成长阶段的匆匆过客，在持续一段时间后销声匿迹。还有些人是不停地转换于正常者与性颠倒者之间的特殊人群。但最不可思议的是，一些性颠倒者是这样产生的：他们在自己和异性交合时引发了某种很痛苦的经历，继而转为性颠倒者。一般来说，上述的各种性颠倒行为之间不可能出现互相牵扯的关系。这种牵扯唯有在极为特殊的情形下才有可能出现并一直持续下去，而且通常情况下，处于此类极不寻常状态下的人们对自身的情形都极为满足。

很多研究者往往只是指出上述不同患者之间的区别，却避而不谈这些不同类型患者之间的共同之处，更没有将上述众多情形归纳总结为同一类型，其目的是为了在性颠倒领域研究出区别于他人的成果。但是，无论研究者们如何区别上述各种情形，占据大多数的还是中间人群。因此，人们对这些现象的区分可能反而会给自身的研究工作带来麻烦。

将会成为其是否能进行精神分析治疗的决定性指标。——原注

① 就同性恋现象的初发期来说，众多学者认为同性恋者们说的时间往往并不可信。原因在于，在他们的脑海中往往会克制其最初对异性的情感迹象。我们利用精神分析法对同性恋者早期记忆中所忘却的事件或事物进行再次激发，使他们遗失的片断得到补充，从而验证了此论断。——原注

性颠倒的原因

同性恋或许是天生的心理变异所导致的结果，这也是我们谈及造成同性恋的原因时首先就会想到的。治疗者们发现，那些具有同性恋倾向的患者往往来自于那些最初被诊断为有心理疾病，或具有心理疾病患者征兆的人。针对这种想法，我们要对其中的两个因素进行探究和验证，这就是退化（degeneration）和天性。

退化

"退化"本身及其在各个领域的滥用已经遭到了大家的诸多反对。过去，人们对将那些无法归类于创伤性和感染性疾病的原因推给"退化"的做法习以为常，在玛格南（Magenan）对"退化"种类的划分中，就连处于人类最顶端的心智能力甚至也可能接近"退化"的边缘。就该情形而言，"退化"本身已无法再表达其原有的意思，也无法正常运用。起码以下两种情形，我认为不适合被归类于"退化"。

第一，假设所有现象中，过分远离常

态的表现尚不多见；第二，假设生活及生存能力仍然保存完好。[①]

下面这些事实让我们确认，若依照以上两种情形进行比对，同性恋者不一定要被归类于"退化"者。

1.相比于普通人而言，同性恋者在别的方面并没有什么不同。

2.在某些心智功能不仅没有缺陷，且在智能和品行人格方面均有造诣的人身上，往往也会出现性颠倒现象[②]。

3.如果我们能放开眼界，扩大思考范围，摆脱来自诊疗经验的局限分析性颠倒现象，就可以得出以下论断，从而避免将此现象归类于"退化"的危险：（1）事实告诉我们，在古代文明帝国的文化高度发展的巅峰时期会产生大量同性恋者，且他们的出现常常被赋予巨大的价值。（2）依布拉赫（Bloch）认为，"退化"一般仅适用于文明高度发展时期，但性颠倒现象却充斥于前文明时期的氏族部落。同样，种族的差异、气候的不同，还有同性恋者在社会中的处境，都会强烈地牵制着这种现象的布局，纵然是处于文明顶端的欧洲也不例外。[③]

[①] 归结为"退化"的诊断，一般来说都没有什么意义，所以不可草率定论。莫比尤斯（Moebius）也认为"纵观所有情形，将某些现象归于'退化'的做法也是无事于补"。——原注

[②] 纵观古今，一般同性恋者，甚至绝对的同性恋者往往是一些社会地位特别出众的人。——原注

[③] 起初所有人都将同性恋看作某种疾病，直到后来，专家们才开始采用人类学的视角来看

本性

如果说"同性恋是与生俱来的",我们也只是由第一种类型,即"绝对的同性恋"才能推导得出。正如这类性颠倒者所说:"从小时候开始,我就从未用别的形式展露过自己的性兴奋"。而这也是我们上述推论的依据。就"性颠倒现象是与生俱来的"这个论断而言,它仅来自于我们对完全的性颠倒者形成缘由的推断,且该说法的唯一证据也只是来自于当事人自己的说辞。

其实,"性颠倒者与生俱来"的这种说法基本不能说明后两类患者的患病缘由,特别是最后一类。如果我们仍然不放弃此推论,那么必然会引起"绝对的同性恋"与后两种同性恋类型脱节,甚至同性恋这一概念的统一性也将遭到破坏。即使这样,一些同性恋者的成因也不是天生的,而是另有原因。有些研究者认为:"同性恋"仅是某些人的性兴奋在青春期时形成的一种偏好。他们就该论断叙述了以下几点依据:

1. 我们能够看到,数量众多的同性恋(包括某些绝对的同性恋者)在他们之前的经历中都遭到过某种深刻的性画面刺激,该刺激在他们身上遗留下唯一的、难以消退的印象,便是性颠倒偏好。

待它。之所以能有如此过渡,完全得益于布拉赫(Bloch)始终坚信古代文明社会中存在着众多的同性恋者。——原注

2. 我们还发现：对于一些同性恋而言，来自于外部的一些奖赏性的和打击性的事件对他们造成了很大的影响。此类事件发生于他们的孩童时代或成人之后，如长时间与性颠倒者共处，互为战友，或服刑期间遭遇同性恋者，考虑到两性交配的不安全，孤身一人，性能力差等，进一步地巩固了他们的同性恋倾向。

3. 催眠术能够"治疗"同性恋者这一事实表明，若性颠倒是与生俱来的，该方法也无能为力。

以上三点表明："性颠倒是与生俱来的"这一说法，很难经得起人们的推敲。我们之所以质疑这种说法的缘由是：若把之前那些被认定为与生俱来的同性恋者的经历再次拿出来细细推敲，也许能够得出，他们在孩童时代的某种经历会决定他们的原欲①走向的结论。虽说他们现在已无法复述这些经历，但是，如果手段恰当，依旧能够唤醒他

有些学者认为，同性性行为是因为当事人幼年时过分依赖同性别的父亲或母亲，也有人认为是因为性发育停滞在婴幼儿阶段的某一水平上，也有人认为是因为神经病态或精神病态，也有人认为是因为道德败坏，还有很多其他哲学方面的解释。但是上面的观点全部都没有足够的可以支持和论证的科学资料。

★金赛

---

① 原欲在与"性"有关的术语中，指的是在深度的无意识层面里，是性的原始驱动力。——译者注

们的这些记忆（艾里斯也有类似的看法）。就该研究者的分析而言：同性恋是一类社会中多发的异常现象，这种现象不外乎是因为患者在成长的过程中遭遇到一些外界因素的干扰导致的。这位专家的意见看似简明而确定，然而细细推敲，我们会发现：即便有些人在孩童时代曾遭遇过诱奸，彼此手淫等诸如此类性危害的干扰，然而他们在成年之后也没有成为（或至少没有成为）同性恋者。所以，我们必须承认，不管是与生俱来的原因，还是外界因素的干扰，都无法成为说明同性恋现象的唯一原因。

正如上面的分析所说，就同性恋现象的实质而言，无论是与生俱来的因素，还是外界干扰的因素都无法单独而确切地说明这一实质。当我们以"同性恋是天生的"这一理由来说明这种现象时，我们不得不考虑，什么是与生俱来？这种与生俱来的性颠倒包含了哪些方面？否则我们只能相信这一最恶劣的说法：一些人与生俱来的性兴奋，只是针对某一类性对象而言的。

而所谓外界因素干扰的解释，同样也不尽如人意。试想一个人自身并无一点天性的偏好，那么，即使有再多明确而实在的外界因素的干扰，也是无济于事的。

两性理论

继弗兰克·李兹顿（Frank Lydston）、奇尔南（Kiernan）和柴瓦里尔（Cheralier）等人就同性恋现象的原因提出见解之后，又有人提出了一系列不同的解释。然而不同与以往的那种认为某人非男即女的观点，这是一种绝对与众不同的解释。

研究证明，当我们用生理学的眼光来看待某些人时，会很难区分他们的性别，因为从他们拥有的性器官很难判定他们是男是女。我们将这些同时拥有男人和女人生殖器官的人，称为双性人或阴阳人。而对于一些极其特别的双性人，他们的两种生殖器官都发育得非常良好，我们称他们为完全两性人。

就一般情形而言，双性生殖器官的发展都并不完全。[①]但正是通过该异常情况，我们才在不经意间发现了一般的发育阶段的实质。因此，就外部特征而言，一定范围内的两性偏好是不足为奇的。几乎所有的男性或女性都遗留有异性器官的踪影，只是有的早已转变为能够派上其他用场的物件，有的则附着于身体，别无它用。

这些早为人们所熟知的解剖学理论，会让我们联想到一个模糊的现象：人类在刚开始的时候是两性同体，只是在以后的进化历程中不断发展才慢慢变成了单性，在这一过程中，其中的一性因受到阻碍而没有得以发展，仅仅残留下了一些痕迹。

---

① 特劳费（Traufi）、纽盖堡（Neugcbauer）针对于双性人的生理结构出版了专门的书籍，可供参照。——原注

人们会自然而然地将上述联想转化到意识世界中，并将同性恋现象看作是双性人的一种意识反应。不过，如果要证实上述假设，我们就不得不去探寻以下事件：同性恋患者无论是心理还是生理方面，必须要能寻找到双性人存在的痕迹。

但是，上述假设都难以站得住脚。事实告诉我们，我们所说的心理意义和生理意义上的双性人，两者之间并无完全的顺带关系。的确，就同性恋而言，我们经常会看到他们出现性兴奋降低的情况，时而还能发现他们在生理方面存在缺陷（艾里斯也有同样的见解），不过，这样的例子也是少之又少，且并不重要。同性恋根本不同于解剖学意义上的双性人，这点我们一定要明白。有些人还刻意去强调一些特别不重要，甚至可以忽略的特征，目的就在于将同性恋患者与正常人区分开来（艾里斯如是说）。

我们必须记得，这些不重要甚至可以忽略的特征，本就可以从异性身上找到。许多人本身就拥有双性的影子，不过他们却没有和同性恋患者一样改变了他们的性取向。如果他们性取向的变化会影响到其心理方面的能力，如导致其显而易见的异性特征和性兴奋的些许变异，那我们必须相信的确存在着心理上的双性人，可事实并非如此。在实际生活中，只有女同性恋者才会发生这类性格上的转变。对于男子而言，即使一些很有男子气概的人身上也时常会发生同性恋的倾向。所以，如果所

谓的心理上的双性人真的确存在，那我们就
不得不去证实，无论什么时候都不会有例外
的情况发生。

同样，就我们所说的心理双性特征也是
这样的。不过，就像哈尔班叙述的那样，从
表层上看，某人早已消退的异性器官与其身
上存在的那些不重要的性特征，这两者之间
并无联系。一位专门从事同性恋现象研究的
男学者曾经用非常形象的话语概括了以上观
点中的阴阳人，他是这样描述的：同性恋
是男人的身上装错了女人的头脑。不过，
我们还是无法理解到底"女人的头脑"是怎
样的。

就如上面所示，用生理学专用词来替换
心理学专用词，不仅不准确且有画蛇添足之
嫌。此外，克拉夫特·伊宾为此所作的说明
看似更为准确，可就本质上来说也差别不
大。克拉夫特·伊宾认为，人身上的阴阳特
征不仅表现在生殖器官上，还能够通过双性
性腺影响大脑中枢，使之在个体成熟阶段形
成并刺激男女的两种大脑中枢。尽管上述解

不管是在男性还
是在女性中，都有一
些人既有指向同性别
个体的性反应和性活
动，也有指向异性别
个体的。

★金赛

释中所说的发育起来的"男女神经中枢",相比于那位学者所说的"男人与女人的脑子"看似更专业些,其实不然。而且我们尚且不能探知大脑中枢是否也如同言语神经中枢一般,有专门的大脑片区对应着特定的功能。无论如何,综合上面的分析,可以得到以下两点论断:

第一,同性恋自身的确存在着阴阳人的特征,但是,除生理学上的解释以外,我们尚且不能了解它的组成部分。

第二,我们要分析的是性兴奋在发育的阶段中经常遭遇到的阻碍。

同性恋的性取向

那些承认心理双性理论的学者指出,同性恋的性取向恰恰和一般人颠倒,男同性恋者将自己看作女性,认为男人的形态和智慧散发着无穷的魅力,极力想得到男性的抚慰。

纵然此类见解被大多数事实所印证,不过仍不能被视作同性恋患者的标志。难以否定的事实告诉我们,很多男同性恋患者,不仅仪表堂堂,还相当有男子气概,在他们身上几乎找不到异性的特征。同时,他们还成为了众多纯天然女人追求的目标。如果不是如此,又该如何理解,从古至今,那些男性性服务者总是以女性为参照,浓妆艳抹,故作娇态,从而取悦那些同性恋者。假设我们承认上述心理双性论学者的见解是正确的,那么看到如此打扮的男伎们,男同性恋者可能就要逃之天夭了。

　　在古希腊时期曾流传着这样一种说法，同性恋患者通常是一些最勇猛的男性，他们的性对象是某个男孩，诚然，男孩的男性特征还吸引不了他们，但男孩身上透露出来的那些女孩的娇羞、娴淑、纯真、惹人爱怜却能打动他们。不过，当这个男孩逐渐成熟起来，他不仅不会再被同性恋者当作目标，甚至还可能成为他们中的一员，喜欢上某个同样具有女孩气质的男孩。如上所说，他们的性对象并非只是同性，更多的是拥有双性特质的人。双性特质的人是他们在既渴求男人又渴求女人的挣扎中求得的一种妥协，当然，不管怎样都要有一个前提，那就是这个性对象必须具有男人的体态（生殖器官）[1]。

---

[1] 循环上演着这种同性恋的现象。其实，正是因为始终拒绝女性才导致了他们对于男性无法自拔的渴望。精神分析学认为性颠倒者并非异类，而且最不赞成的就是将其从大众中单独提出来。就我们所观察到的一些很不明显透露的性冲动，可以看出，每个人都可以将性取向指向同类。其实，这样的做法在我们的潜意识中已被探知。可以说，在我们一般人的现实生活中，对同性的渴望都能够赶得上对异性的爱恋。而对于同性恋患者而言，这一点尤为显著。不仅如此，精神分析学进一步提出，不管是在幼年时期、野蛮时代和古代初期，这种对男女都怀有渴望的性态度，都是一种更为基础的情形。在此基础上，加上发展过程中对其中一方偏好的遏制，最终才出现了后来的普通人和同性恋者。所以，以精神分析学的角度出发去研究某一正常男性只对女性有兴趣的原因，将是一项非常有趣的、有价值的课题。该课题仅凭化学理论是无法解释清楚的。就个人而言，之所以到性成熟阶段才能确定其最终的性取向，这里面肯定有不少因素的影响，而对此我们尚且无法完全探知。这些因素，或是来自自身，或是来自外界；当然某些案例中，往往是一两个因素占据了决定性的位置。

　　通常来说，人性取向的纷繁复杂已经体现出了影响因素的多样性。就同性恋而言，我们能够观察到，远古人的体质和意识范畴在他们身上起着很大的作用，最明显的标志就是性取向的"自恋"和来自肛门的性取悦。不过，纵然将这种绝对的同性恋者用特殊体质的女同性恋者的情形相对男性来说，则更明朗一些。在女同性恋患者中处于主动地位的人，具有更加明显的男性外形和意识，而她向往的目标也一定充满温柔娴熟的女人味。但是，纵然是这样，只要我们坚持详尽的探寻，依然可以发现巨大的区别。

同性恋的性目的

以下现实是我们必须承认的：就同性恋而言，他们的性目的也千差万别。就男同性恋而言，进行肛交的其实很少，他们多以为彼此手淫为主。对于他们的性目的，人们更愿意将它看作是自恋，而不是异性恋。就女同性恋而言，虽说她们的性目的也很少，但可能主要还是以口交的方式为主。

总结

即使到目前为止，就我们所了解的一切尚不能恰当地说明同性恋现象的根本原因，不过可喜的是，经过上述的一系列分析，我们获得了比完全解释这个现象更有意义的成果：分析问题的视角。

理由单列出来，自成一类，也无法让我们去更深地认识他们。不过，他们身上的那种表现，在那些转移型和看似性取向正常的人身上也能都探寻到。乍一看，他们之间存在着根本性的区别，不过，我们通过研究便会发现，同性恋者和他们之间只是程度上的区别。至于说导致他们的性取向变化的偶然原因，我们则必须关注一下"阻碍"经历（孩童时期遇到的性挫折和害怕性生活）。还有一点非常重要，那就是其父母是否健在。同性恋现象极易出现在那些在人生初期失去勇猛父亲的人身上。由此，我们必须认识到：性取向的转变和解剖学上生殖器官的模棱两可这两者显然是两码事。即便可能存在着些许联系，更多的时候也是互不关联。

我们发现，似乎早先我们将更多的注意力集中在了性本身与性指向上，而从这些同性恋患者的身上，我们意识到这样的事实：我们应该更全面地看待事实，而不是将所有的精力都用在常态下的性本身和性指向的联系上。由此，我们也意识到原来性本身和性指向是可以分开来说的，或许，性本身和性指向全然没有联系，同样，性冲动的产生也不可能源于性对象的挑逗。

二、性对象是动物或处于性发育期的儿童（所谓的"恋兽癖"或"恋童癖"）

同性恋者除了在性对象上不同于一般人外，其他方面基本上都与一般人无异。不过这一观点却不适用于那些只以儿童（处于性发育期者）为其交配目标的人。很明显，这些人处于一种极为少见的变态状态之下。这些变态者，也许是因为他们自身就是阳痿者；也许是因为他们欲望强烈，但却不能控制自己的欲望，又一时无法寻觅到合适的对

天主教认为性的唯一功能是生殖，从这一观念出发，它把男性或女性和动物的性行为看作是反天性的，是罪恶的欲念，是一种变态。

★金赛

19

象，因此孩子就成了无辜的受害者。无疑，上述变态的状态进一步让我们认识到了性的本质，也让我们观察到了更多的性本能，甚至是这样无耻的本能。相对而言，因饥饿而表现出来的本能则显得正常很多，至少不会为了满足本能而沦落到无耻的地步。至于那些与动物交配的人（其中有很多从事农业生产的人），则不得不让我们有了这样的想法：性欲望如此经不住诱惑，以至于使交配突破了物种的界限。

　　站在美学的角度上，我们或许很期待将上述性变态行为归结在精神方面存在障碍的患者身上，但是现实却不是这样的。我们必须承认，这些在精神方面存在障碍的患者，其性本能并不一定就会超出正常人或其他的种群和阶级的范围。很常见的例子是：我们时常能听到老师或佣人对孩童进行性侵犯的案例，这是因为老师与佣人接触孩童的机会更多。事实上，仅仅精神方面存在障碍的患者只是在该类事件中显得更为自由和欲罢不能。或许更为病态的是，他们的疾病使得他们更轻松地脱离了普通的性满足。

　　上述事例又进一步显示出，在关于性的话题中，在精神方面存在障碍的患者和一般人并无太大的差异。同样，这样的事例也有进一步思考的价值。就此，我觉得：即使在正常情况下，高级的意识也难以控制性兴奋。据观察，一个在道德上，或在社会上有精神障碍的人，他的性生活也会有障碍；不过，好多在性生活方面有障碍的人，他们在其他方面（如精神）不仅和普通人差不多，而且也会随着人类的进步而进步，只不过他们的性生活还始终处于落后状态。

由上述的一系列分析，我们可以总结如下：对有些人来说，在很多场合中，性对象早已失去了价值和意义，而性本能中肯定还有很多我们尚未探知的、必要的组成部分①。

第二节　性目的的变异

就一般意义上来讲，人们所说的性交的目的大都是指双方性器官的交合，这种交合能够消减人们对性的惶恐，在短时间内，使渴望性的火焰得到遏止（这种方式获得的满足如同饥饿获得食物）。

然而，就算是很寻常的性活动，仍夹杂着些许其他行为；如果不能正常发展，就有可能导致一种性变态，我们称之为性的反常活动。例如，人们在性行为开始和结束后所做的某些如爱抚、注视等预备动作，全部是为了向性目的的迈进，此类行为

---

① 在性事方面，古时候的人们和现在有很大的不同：不像现在的人们很注重性伴侣，以前的人们则更多地把性看成是本能的一面，他们认为本能是一切事物的来源，由此他们甚至崇尚一些低等的性对象，而现在的人们则轻视本能本身，仅仅在理想的对象出现时，才有性的冲动。——原注

不仅会给双方带来愉悦，还会增加激情，一直会持续到人们达
到性目的才终止。亲吻也属于接触的一种形式，接吻时两人唇
部的粘膜互相接触。嘴唇本身只是消化道的入口，不在性器官
的范围之列，然而在现代，许多国家的人们却认为嘴唇对于性
活动有很高的价值。

　　总的来说，这些夹杂在寻常性活动中的行为已经成了联系
性反常活动和正常性生活的纽带，我们在分类时也可以以它为
根据。性反常通常划分为两类：1.从解剖学的角度看，性活动
时人们运用身体部位的变位；2.在双方一起达到性目的之前，
那本该较快完成的具有过渡意义的接触也会被延迟更长时间。

一、生理学上的变化

高估自己的性对象

　　人们在估价他们的性对象的时候，肯定不会仅仅停留在对
方的性器官上（当然极个别的情况除外）。一般来说，一个人
不但要关注其性对象身体的全部，还会关注他是否温柔、浪漫
等因素。这种高估自己的性对象的现象在心理智商方面也同样
会出现，最突出的表现就是人们几乎丧失了判断能力能力，盲
目地觉得自己的性对象拥有完美无缺的人格，坚贞高洁的情
操，总之眼中除了爱情什么也看不到。这种对爱的盲目轻信，

就算不属于服从权威的心理模式之列，也称得上是导致权威的一项很重要的因素[1]。

人们对性对象的高估，导致他们的性目的由原来的仅以性器接触扩展到重视身体的其他部位[2]，这一点我们可以通过研究男人的性生活得到充分的证明。研究男人相对而言比较轻松，因为女性在这方面遭受过文明的压制，另外还因为女性天性中的喜欢遮掩和撒谎，使她们仍然藏匿于层层帷帐之中[3]。

口唇粘膜的运用

只有一方的口唇或舌头与另一方的性器

一般情况下，女孩越接近青春期，父母就会越阻止她与异性接触。父母告诫她们禁止亲吻、一般的身体接触、生殖器显露，尤其是发生性关系。

★金赛

---

① 由此我们不免会联想起被催眠的人在催眠过程之中对施术者百般服从的情形，而我们也会因此怀疑，催眠术的关键或许就是让接受催眠者的原始欲望在受到性本能中某方面的残忍对待之后，在潜意识之中对使催眠的人产生百般的依恋。——原注
② 然而应该明确的是，高估性对象不可能一定会在对所有对象的抉择之中出现。在下文中我们还会用另一个更突出的例子来说明身体别的部位的重要性。对于这些除却性器官之外的其他部位为何会引起人们对性产生兴趣，豪赫和布拉赫曾经解释为"进一步追求刺激"，然而我认为却不是这样，要知道，原始欲望的各部分之间都有很紧密的联系，所以或许会出现从一个部分转向另一个部分的情形。——原注
③ 在特殊的情形之下，女性高估男性的可能性几乎为零，然而当她们面对自己的孩子时，却常常会表现出这种过分估计。——原注

相触碰的时候，才被称为性反常现象，而双方口唇粘膜的触碰并不属于此类现象。我们把亲吻看成是处于正常性行为和反常性行为之间的一个阶段。当然，人们通过嘴唇与性器接触来获得满足的方式可谓经久不衰，可对于一个厌恶这种方式的人来说，他会因为一想起便会呕吐而拒绝做这种事情。其实人们所反感的事物的界限往往是由人们的习惯决定的，例如一个男人会很激烈地和一位靓女接吻，然而，如果让他使用这位靓女的牙刷刷牙，他就会禁不住作呕；尽管他的口腔不一定会比那个女子的干净，他却每时每刻都使用着自己的口腔而不会有任何不适。

所以，我们所讨论的其实是这样一个问题：此类反感尽管可以阻碍原欲对于性对象的过度评价，却很容易被原欲所毁灭。在作呕的感觉里可以发现一种抑制"性目的"的力量，这样的力量一般不会指向性器官，但在某些特殊的情况下异性的性器官也会成为作呕的对象。这就是歇斯底里症患者，特别是女性患者典型的症状。这种反感通常需要性本能产生的力量来克制（后文中会作详细的论述）。

使用肛门

把肛门作为性目的的现象，由于人们的反感而受到巨大的阻碍，而且其受阻的程度要远远大于口腔粘膜的运用；当然，我这么说并不是要为其辩护。人们之所以会反感这种行为，是因为觉得肛门是用来排泄的，时刻都和排泄物接触，而在我看来，这与患歇斯底里症的女性因男性性器官也兼具排尿功能就对其厌恶不已的情况相比，也好不到哪里去。肛门粘膜在性方面的作用不仅表现在男人之间的性交上，所以对这种行为爱好与否并不能成为判断一个人是不是性变态者的标准。而且，与之相反的是，在这样的情况之下，"恋童"（可以取悦男子的儿童）会变得更加像个女人，而在纯粹的同性恋者之间最容易见到的性目的是相互手淫。

身体其他部分在性方面的作用

身体其他部分的重要性在性的角度上扩展到身体的别的地方，不管采用何种方式都很难为研究者带来具有重要意义的信息。而所有的这些方式只有一种用处，就是可以使人们更清楚地认识到，当性本能渴求性对象时会采用所有能够想到的办法。

变位的问题就解剖学来说，不仅是因为对性对象的过度评价，还由于另外一个值得讨论却鲜为人知的事物，即身体的某个地方，如口腔和肛门粘膜，由于人们经常把它们当作性器官使用，因此也经常把它们与性器官等同视之。这样的想法是十分准确的，人们也可以用它来研究某些病症，这一点可以从今后对性本能发展问题的研究上得到证实。

性对象不恰当的替代物：恋物癖

让我们饶有兴趣地是下面这种情景：某些物品替代了性对

象，该物品和性对象有关联，但却绝不适合被当作性目标。如
果按照我们的方法进行划分，这样的现象其实应该被归为和性
对象有关联的"变异"情形，但是，现在只能等到大家对"性
的高估"的情形有了一些了解后再进行讨论了，因为该情形是
在丢弃了性目标的基础上混合着毫无目的的热情所促成的。

替代性对象的事物常常为身体的一些与性目标没有关联的
部位，比如足踝，头发丝等，另外还可能是一些显然和异性有
关联且具有浓烈性气息的非生物类的物品，如衣衫的碎块、红
色的肚兜等。这些物品可以被用来比作原始人类所崇尚的"物
神"，因为神灵的确切模样就是原始人通过这些物品想象出来
的。在那些与恋物症距离越来越近的人群中，尽管有的人性目
的不太正常，却还不至于十分混乱；如果想要达到他们的性目
的，其性对象就得具备一些与众不同的条件，例如必须要有什
么颜色的头发，穿某种样式的衣服，身体上必须有伤疤的痕迹
等。他们对这些条件的迷恋程度和恋物症相差无几，这看起来
的确十分怪异，所以我们对它感兴趣的程度是其他任何一种不
正常的性冲动所不能比的。

我们可以推想，这些人一定是在渴求达到一般性目的的
过程中遭遇了挫折（性器官的衰弱）①。就是一般生理健康的

———————

① 这种衰弱通常是指身体上的衰弱，但是通过心理分析的方法可以探知，这种现象也可能
是某些偶然因素所致，比如性意识在孩提时代因惧怕心理而遭到抑制，导致一个人扭曲了

人，也可能会出现此类问题，他们经常会因为高估性对象，而把许多与之有关的问题都作多分的估价。所以，患有某种程度的恋物癖也不算什么怪异的事，特别在刚开始向异性求婚的时候，此时离达到正常性目的还有很长一段距离。这就如同浮士德说的那样："我对她放在胸前的带着香味的手帕也是那般的迷恋，还有她那滑过双腿的似有若无的纱裙。"

当对物品的迷恋趋于固化甚至彻底替代了一般的性目的，或所迷恋之物和它的主人逐渐没有了关系，而自身变为了性对象，这样的情况才称得上不正常。这一原则可以被用来区分性冲动的微小变异和完全不正常的病症。

人们在孩提时期获得的印象较为深刻的性意识，通常会在对所迷恋的物品的挑选上表露出来；毕耐特（Binet）首先认识到了这个现象。以后我们还要再举出许多事例来论证这个问题。这个问题和俗语"难忘莫过于初恋"的意思有相近之处。人们在对性对象进行择取的时候，即使会遭到引起恋物症的许多因素的限制，然而，孩提时期给他们留下的性意识仍旧会产生很重要的影响。后面我们还会详细地探讨这种意识的重要性①。除了这种情形之外，有些人用迷恋的物品来代替性对象

正常的性目的，继而追逐别的替代物品。——原注

① 如果我们对精神分析学作进一步的讨论，就会看出毕耐特的理论还不能完全把我们的问题解释清楚。许多在这方面的观测都表明，当一个患者第一次遇见他所迷恋的物品时，该物品一下子就具有了性的色彩，但我们却无法凭借当时患者所处的四周环境，对引起这样

的原因，大概来自于一种典型性思维，而这种思维或许连其本人都没有意识到。人们不可能时刻都能掌握引起这种联系的因素。在神话中常常会看到一种非常原始的性的象征，足踝就是这种性象征之一。而人们对于毛皮的性幻想，可能是因为这会让人联想到性器官周围的体毛，这样的象征意义很可能和幼年时的性意识有较大的联系[①]。

二、对暂时性性目的的依恋

新意向的出现

抑制人们达到性目的原因有很多，包括内在的和外在的，

的现象的原因作出分析。另外，这些"初期"性意识全产生在五六岁以后。按照精神分析学的理论，我们对这种病态情形是否会在这么晚才第一次形成固定模式产生了质疑。最可靠的解释是：对于患者来说，在初次看见所迷恋的物品之前，在他们的记忆里必定潜藏着已被他们忘却的性意识的发展，而这样的"迷恋物"好比一种可以遮蔽记忆的东西，象征着那段时期的发展。幼儿初期的成长过程中会迷恋一些物品的原因，以及他们会迷恋哪种物品，这很可能于他们自身的体质有决定性的关系。——原注

① 恋物症患者为何会把脚当成迷恋物？我们已从精神分析法上找到答案：像脚和头发这样的部位都带着很强烈的气味，只有一个人完全忽略了这种让人不舒服的味道体验时，才会对它们产生迷恋。而迷恋足部的病患者，恰恰就是把那些脏臭，即散发强烈刺激气味的脚当作其性对象。关于对脚的迷恋，我们可以在幼儿的性启蒙中找到其他一种解释：女性是否具有男性生殖器是幼儿很感兴趣的一个问题，他们会用"脚"来替代那种所谓的生殖器。此外，我们通过探查其他的一些迷恋足部的病例，还认识到了"视淫本能"的影响。那些由短裙底部往上至性器官部位的视淫过程，常常会由于外在的压力或来自自身的控制影响而半途终止，所以，患者的视淫冲动就自然地放在了足部或鞋子的位置，在幼儿天真的心中，女性和男性的生殖器应该是没什么区别的。——原注

比如性能力减退、渴求性对象的艰难、性活动的风险等，这些原因都具有特别大的驱动力，它会使人们停滞在准备性活动中，而把这些活动转变为新的性目的，并以此来代替正常的性目的。经过研究人们发现，无论这一新的性目的看起来有多么新奇，它都已经早就存在于正常的性生活之中了。

爱抚和目视

如果想要达到一般的性目的，就需要一段时间的爱抚。众所周知，性伴侣之间相互爱抚肌肤会让他们享受到无尽的快乐，使他们感受到不间断的刺激。所以，只要能够完成正常的性行为，那么，在爱抚的过程中所作的停留，就不能被称为不正常的性行为。

视觉上带来的感觉和爱抚在本质上很相似。使人们达到性兴奋最常见的、最一般的方法莫过于视觉感受，人们也经常依靠视觉来选择性对象。这种带有目的性的方式，也促使人们对性对象外表的选择有较高的要求。随着时代的进步，原本用来遮盖身体部位的衣服也变得充满了性意味，所以性对象

皮肤和体内某些深层神经是可以让人有被触摸的感觉并且因此产生性反应的感受器官。一般称这种感受器官非常集中的身体部位是"敏感区"。男女的亲昵爱抚技巧，就是对这些敏感区实施的。

★金赛

很多人认为，他
们可以通过视觉、嗅
觉和味觉得到性刺
激。但是实际上这些
刺激和触觉刺激的作
用途径不同，效果也
不同。

★金赛

会经常用无衣物遮掩的部位来博取异性的眼球。假如人们的注意力由性器官转向身体的所有部位，这种心理就充满了艺术性（我们把它叫作"升华作用"）。这里我们看到的是一种居间性的性目的，所有人都不同程度地存在一些喜欢看异性袒露胴体的偏好，这样的方式确实可以把人们部分原欲转化到更高阶段的艺术层面上去①。

不过，假如"视觉"的渴求受限于下面的范围，就应当被归类于性反常情形：1.当视觉只停留在性器官上面；2.当视觉超出了一般人应当生厌的范畴（比如偷窥别人上厕所）；3.当这样的视觉感受非但不可能让人达到一般人应有的性目的，反而会抑制性激情的释放。

由我在精神分析领域内探求的结果可知，上述第3项其实指的是那些经常把性器

---

① 对于这一点我深信不疑，即"美"的概念来源于性所带来的兴奋和刺激，它原来的意思应该是"能激发性感的事物"。德文中的"Reiz"一词具有两种意思，在特定的语境中被解释为"兴奋刺激"，但在日常生活中，则大多被解释为"迷人""诱惑"。有意思的是，没有人会认为性器官看上去很美观，尽管它是最能挑逗起人们性刺激的。——原注

官祖露在外的喜好。导致患者有这种偏好的原因是，他们认为自己这样做了以后，就会诱使其他人也把性器官祖露在他面前①。这种对其他人生殖器官的视觉偏好和向其他人祖露自己性器官的性变态活动，是一种非常奇异的状况，在今后要探讨的性变异相关问题中，我们会对此给予越来越多的关注。在这种情况下，性目的会有主动和被动两种表现形式，而促使人们减少窥视症并将之彻底抛弃的动力，大部分来源于人们对其产生的羞耻感（此处的羞耻，就是前面所提到的生厌）。

虐待狂和受虐狂

克拉夫·特伊宾认为性反常活动中有极其重要而又最易见的两种偏好。一种是对性对象造成痛楚的偏好，特伊宾把它称之为虐待狂；另一种是感受性对象给自己带来痛楚的偏好，特伊宾称之为受虐狂。前者为主动，后者为被动。而有一部分人则更偏爱称这些偏好为"痛楚淫"；这个词的意义略显狭窄，它表明在痛楚和残忍的感受中包含着乐趣。而特伊宾所使用的词则含有任意方式的羞辱和屈服所带来的趣味。

一般人身上都很容易看出主动的性虐待来源的根基。众所周知，大部分男性的情欲里面都包含着某种程度的侵占欲和

---

① 根据我们的研究可以看出，造成这种性反常行为的原因很多。例如，祖露生殖器的偏好和阉割有极其密切的联系：祖露的同时能时刻展现他（男性）自身的性器官的完好无缺，同时也可以使他获得一种看见女人没有和他一样生殖器的天真烂漫的满足。——原注

一般来说，人类男性也特别感兴趣于那些即使是虚构的、不可能有的性活动方式。所以，大量的讨论和文学作品都在关注乱伦、易装癖、奸尸、极端形式的恋物癖、施虐—受虐狂，以及和动物的性接触。事实上，真正发生的情况绝对少于人们说的那些。

★金赛

征服欲。从生物学的角度讲，如果一个男性不曾运用和求爱方式不同的方法来征服性对象，他就会感到没有任何趣味，所以，我们所讲的虐待症，其实就是性本能当中具有侵占意味的那部分分离出来并逐渐强大的结果，它是经过"转换作用"而凸显出来的一种形式。

倘若将虐待症这个词语放在平常生活中理解，我们得到的几种意义会存在很大的差异——或是略微积极和放纵的方式，或是非得让对方彻底投降并让他伤痕累累才能够罢手的方式，简直天差地别。严格来说，只有极端的做法方能被冠以性变态的名字。

同样，名词"受虐症"也包含了在性问题中每一个被虐者的被动地位。在那些极其特殊的案例中，受虐者的性欲望得到彻底释放来自于自身受到的种种伤害；这种伤害既包括心理上的也包括生理上的。相比于虐待症而言，受虐症这种性变态行为仿佛更加远离了性这个目标，所以，我们完全可以提出我们的疑问：受虐症的种种表现是原本就存在的？还是虐待症的一个变种呢？[1]

　　我们很容易看出，受虐症只是一种以自我为目标的虐待症，也就是说，患者把自己当成了性对象。根据对那些比较偏向极端的受虐症患者的研究分析，我们找到了许多相互促进，并停留在原本的被动性态度之上的病症（比如阉割和良知感等）。同前面所提到的生厌感和羞耻感一样，此处要忍受的痛苦感也是抑制原欲的力量。虐待症与受虐症对于性反常现象的研究有极其重要的作用，这里面所涵盖的关于主动和被动之间的鲜明对照，本就是性活动中经常可见的特质。

　　这种性本能和残忍行为之间有极其密切的联系，这一点自古以来就是显而易见的事实。至今为止，在对这种联系的说明中，占主流地位的还是"原欲中侵略因素的强化"这一观点。有些学者提出，本能之中所包含的侵略欲，是以前吃人这种习性所残留下来的东西。换言之，这种使对方屈服的情形，同样也可以使个体发展过程之中更深层次的本能欲望得到满足。

　　同样地，还有一些人提出，每种痛楚都可能包含着快感。而我们的探讨进行到了这个地方也就基本结束了。我们已经意

---

[1] 在经历了一个漫长的阶段之后，我对受虐症的认识已经和以前有了很大的不同。我针对人心结构和能影响人心的各种本能提出了一些假设，在这些假设的基础之上，我认为应该把这种虐待症划分为两类：1.原本就存在的或表现为色情嗜好的受虐症，由此延伸出来的是"女性的"和"柔和的"受虐症。2.那些未曾在日常生活当中得到发泄而把自身当作性对象的虐待症，会造成"后续性"的虐待症，叠加在原本就存在的受虐症之上。——原注

识到，我们还不能对此类性反常现象给予非常完美的说明，这大概是由于还有别的一些心智方面的因素在控制着这些行为。

这种性反常有一个很明显的特殊之处，那就是它的主动和被动两种性质常常体现在同一个人的身上。对于一个在性活动中因为性对象遭受痛苦而获得快感的人而言，他也可以从自身的痛苦中得到快乐。这句话的意思就是说，一个虐待狂其实也是一个受虐狂，只不过一般情况下，他要么是在某个主动的方面，要么是在某个被动的方面表现得更充分，而这种表现就组为了他重要的性行为。

论述到此，我们认识到，许多性反常活动都是以成双成对的形式显现出来的。这一点对于理论研究来说的确意义重大，其重要性在我们会在本书后面的内容中体现出来。到那个时候我们就会知道，虐待症和被虐待症之间强烈的对照，也不全部是侵略欲作用的结果。相反地，我们更倾向于把这种成双成对出现的现象看作两性活动中男性与女性性特征的对比。经由精神分析法，我们可以把它们简化为主动和被动之间的对比。

第三节　　所有性变态一致的原则

性变态是不是一种疾病

对于那些专门从事性变态现象研究的医生来说，他们往往会在开始时将该类异常情况当成是一种疾病或退化的表现。不过，相比于以这种想法来看待同性恋，此看法也许更不准确。

从生活常识中我们可以得知，在一定程度上，这样的症状多多少少藏匿于普通人的性生活中，而且同样也能够长时间地彻底代替一个普通人正常的性生活，当然，也可以两者同时存在，互不干扰。在现实中，我们尚不能找到这样一个普通人：除了有一般的性生活外，再不探寻其他一些被视为性变态的附加性生活。那么，既然性变态的界限如此模糊，我们又为何非要给它扣上变态的帽子呢？

在性生活这个领域中，就我们目前的能力而言，还无法准确地将正常的生理差异和变态的现象区分开来，不过，十分吸引人的是：有些时候，这些性变态的性指向会特别出人意料。再者，一些性变态事件与普通情况的差别大得惊人，以至于我们必须将其定义为"病态"。

由观察到的一些特别的案例，我们可知，倘若性自身摆脱了一切束缚（比如羞怯、讨厌、胆怯、苦痛等），便可能发生一系列让人咋舌的现象，例如奸尸、舌触粪便等。不过纵然出现了此类状况，我们也不应该就此认为作出这些行为的人肯定存在着意识障碍或变态。我们在现实生活中很容易看出，不少人除了在性方面存在问题以外，其余的生活都很正常，这是因

■ 在漫长的历史进程中，任何一个民族都如同捍卫自己的宗教信仰一样，狂热地捍卫着自己的惯例，而他们的道德体系也就决定了他们的生活习俗。性的惯例和道德体系自然也逃不出这个一般规律。

★金赛

为"食色性也"中的性是最无法控制的。相反，有些人即使看上去一切正常，也可能会隐藏着一些变态行为。

一般来说，如果某人是性变态，就会被冠以患者的名义，这不是因为他们的性目标不同于他人，而是因为这种性行为是脱离于一般性行为范围的一种表现。如果某人成长的氛围只对性变态的发展有好处，那么一般性的顺利发展就会遭到阻碍，或者遭受打压和挤兑。而该氛围所产生的性变态现象中就不可能再附属于一般性行为（一般的性目标和性指向）。针对这种性变态现象，我们不妨将其命名为"病态"。换句话说，如果一种性变态行为不存在排外性和固定性，它就不能被称为"病态"。

意识能力在性变态行为中的作用

据观察，在一些最让人恶心的性变态行为里，最集中的意识能力往往会对性兴奋的产生起到巨大的作用。事实上，所有这些让人厌恶的案例，无一不是意识能力作用的结果。对这些人而言，性兴奋在性行为中完全释放的妙处绝对是无可厚非的，相比而言，可能再也没有什么性行为能比这些变态行为更好地让我们探知到爱的绝对魔力了。就性而言，它原本就时时穿梭于最顶层与最底层之间（从天堂经人间到地狱），且紧密相连。

两点总结

经过对性变态的分析，我们进一步了解到以下情况：性兴奋不得不常常和那些意识控制能力或障碍进行较量，较量的内容主要集中于羞愧心理和恶心的感觉。大家都明白，这两种意志原本都是控制性兴奋的能力，使其处于一种人们可接受的状况。倘若这两种意识能力在某人的性兴奋壮大起来之前已经有了十足的力量，那么它们就能充分地控制某人的性兴奋，进而促使其性生活走向正规①。

除此之外，我们多次强调过：就一些性变态行为，我们仅仅可以从许多因素交互的角度来看待，倘若我们能够对其进行解释或剖析，它必是一类综合性的性兴奋。这无疑给我们透露出一个信息：性本能可能并不是一种成份，而可能反而是由很多不同的部分构成的。其中，可能是某个构成部分的性兴奋，偶然失去综合性兴奋的控制，因而便产生了性变态。通过我们

---

① 换个角度看，诸如恶心感、羞愧感、道德心等精神控制力的成长，同样有历史的沉淀，它们可能是种群历史进步过程中性生活接受外界控制的结果。我们总会看到这样的情形，一旦这些精神控制力在某个人的发展的历程中接受到来自外界的说教，或是某种力量的刺激，就会开始显现它的作用。——原注

对该类事件的分析发现：完美的普通性生活来自于很多不可见的性兴奋的交互作用[1]。

第四节　心理疾病患者的性兴奋

精神分析

倘若我们要了解这些心理疾病患者的性兴奋，我们的方法只此一种，也只有通过该方法，方能获得一定的结果。或者可以说，如果要完全正确地治疗这些心理疾病患者〔例如歇斯底里症、痴迷性症（obsesion）、无法命名的神经衰弱症（neurasthenia）、精神分裂症（dementiapre-cox）以及臆想症〕的性异常现象，唯有采取1893年由我和布劳尔（J.Breuer）两人共同创造的精神分析法——导泻法”（Catbartuc）。

在此，我必须重申一下我早年间曾叙述过的一个看法：就我的观察所得，这些心理疾病的形成，皆来源于性本身。不过这并不意味着性兴奋的结果只能造成类似上述的“疾病”。我

---

① 我对于性变态性行为本源的看法如下：它的产生类似于恋物癖，在性变态行为正式形成之前，它就已短暂存在过。经由精神分析的事实我们得知，性变态行为源自于没能摆脱俄狄浦斯情结所产生的后遗症，一旦这种情结被压制，一个人原始性中最偏激的那部分将再次显露。——原注

一再要说明的观点是：性本能是心理疾病唯一且最终的来源。换句话说，性行为异常者的所有、多半或某些性行为都可以在这些心理疾病中表现出来。我也曾说过，这些疾病表现就是患者性生活的反应。其中，最有力的证据来自于我在长达25年的岁月中对于歇斯底里症等心理疾病的治疗。在这其间，我曾详细报道过其中的几个病例，今后，我会继续将它们公布出来①。

意识分析的事实说明，歇斯底里症虽仅为一个代替品，却好似最原始的表现着与之紧密相关的一连串牵动人心的意识世界、期望和意愿。而这些期待以及意愿之所以能造成歇斯底里症，原因就在于某种非同一般的外力的阻抗使得它们沉淀下来，无法在自己的意识世界中得到发泄。

人们将自己的期待和意愿压制在心底，却又因为情感的缘故，不得不将其表现出来，它们经过歇斯底里症的心理作用将其以身体的姿态呈现出来，这就是我们看到的歇斯底里症状。倘若我们能利用一种巧妙的方法，以上述症状为依据，依次倒退，把它送入精神世界，使其情感得到发泄，就能很容易找到这些原本处于潜伏状态中的情感的性质和来源。

精神分析的结果

---

① 心理疾病的发生源自于人本性中的欲望，与人自身对于这种欲望表现时所作的控制之间的、不可调和的矛盾。——原注

以我们的观点看来：一个人一辈子的性活动模式，往往在青春期便已经初步定型了。

★金赛

上述的精神分析为我们呈现出以下结果：歇斯底里心理疾病的表现是抓狂，能量来源则是性兴奋。该结果恰恰应证了歇斯底里心理疾病患者的表现和病因。从歇斯底里心理疾病患者的性格中，我们能很显然看出他们不同于他人的性压抑，也正是因为如此，才使得他们身上的羞愧心理和恶心感对于性的压抑更为严重。所以，他们潜意识中始终不自觉地排斥着有关性的一切，后果自然已见分晓。在一些极其特殊的例子中，我们甚至可以看到，他们意识中基本没有性的存在，且这样的状态会始终延续，直到他们进入青春期。

即使上述情况是我们判断歇斯底里症最明显的标志，但我们在研究初期仍会被歇斯底里症的另一种状态，即对性的过度需求所迷惑。不过，它始终逃脱不了精神分析的法眼。因而，我们看到歇斯底里症实则是两种心理状态的明显较量：一种是强烈的性饥渴，一种是绝对的性排斥。

如此，我们便解决了歇斯底里症的病因

这一谜团。歇斯底里症患者最初的犯病期往往处在性成熟期或是受到外界因素影响之时，这是因为此时他们自身的性压抑再也抵御不了强烈的性冲动了。通常就在此时，他需要挣扎于性压抑和性渴望这两者的斗争之中，即使发病，也不代表这种矛盾已经消失。而欲望的释放既是该病的表现，同样也是逃离上述斗争的一种方法。

倘若某人（假设某个男性）患有歇斯底里症，而只因为一次情绪上的轻微变化（其矛盾中心不是有关性的问题）就使他轻易犯病，一定会让很多人大为惊讶。精神分析中早已说明，唯有矛盾中心指向性问题，精神控制力才会失去以往的状态，并可能因此而呈现出病症来。

性变态和心理疾病

那些对我的观点持反对意见的人，也许认为那些从心理疾病中发现的性作用，仅仅是我碰巧遇到的一般性兴奋罢了。不过，多年从事精神分析的经验让我无论如何都无法对此说法表示认同，因为事实证明，这些心

◢ 视觉、嗅觉、味觉、听觉对性的刺激作用，也并非直接对感受器官的生理刺激，而是由于当事者能有着从以往性经历中获取的性经验。

★金赛

理疾病绝不只是（或者不是完全的、肯定的）因为一般的性兴
奋造成的。

这些症状体现出的，是那些可以明确地在精神世界或行为
中展现出来的，意义更为宽泛的性变态的兴奋。因此，上述心
理疾病的表现也可被看作是性异常所付出的代价，或者，可以
这样说，心理疾病莫不是性变态背面（被动性）的显现①。当
然，在我们经历过的各种心理疾病中，性兴奋的各种变化我们
都曾见过，它们或是常态下的转变，或是某种性问题疾病。

1.我们能在每一个患有心理疾病的人身上探寻到他对于同
性的那种固定的、强烈的性欲望倾向，同时我们还能感觉到他
们在精神世界里的性变态。不过因为无法进一步分析、谈论，
所以目前我们尚无法对这一点有深切的体会。这里我只想进一
步强调，那些患有歇斯底里症的男人，必然有性变态的偏好，
且这种偏好会广泛地参与到我们对歇斯底里症的解释中。②

2.在心理疾病患者的潜意识中，我们能找到所有生理学上

---

① 性变态精神世界中真实的想象（或许会在适当的时候立刻转成行为）、臆想症病人臆想
出来的恐惧（实则来源于自身臆想到他人身上的恶意）、来自于歇斯底里症病人潜意识中
的想象（精神分析法从这些病人表现出的症状中研究得出的），三者在所有问题上都相互
印证。——原注
② 患有心理疾病的病人往往也伴随着显而易见的性变态，很多案例都显示出他们对异性的
情感被彻底地抑制了。没错，我最初是因为受到了柏林的W.弗里斯的启发，才开始关注到心
理疾病中性变态存在的客观性和一般性的，不过，在此之前，我在很多案例中也看到过这
种状况。这种现象到目前为止还没有得到广泛的关注，但其对所有有关性颠倒的理论都起
到了至关重要的作用。——原注

的变异，事实上，正是这种变异造成了患者的各种症状。不过，其中最多的且最主要的偏好，还是想把嘴和肛门当作生殖器官。

3.那种呈鲜明对比且成对出现的欲望，在许多心理疾病的组成成分中同样很显眼。显而易见，某些心理疾病也附带着别的性冲动，例如"视淫狂""露阴癖"以及虐待狂和受虐狂，这些性冲动始终控制着心理疾病患者的某些行为。由爱到恨，从朋友到敌人，都是部分心理疾病的表现，尤其是在那些臆想症中显露得更为出众，它们是被害妄想和欲望的交互作用的结果。

下面我们来看一些奇特的事实，它们会大大增加上述总结的趣味性：1.倘若能在一个人的潜意识中探寻到某种与其对立面结伴出现的冲动，那么就必然能够找到它的敌对力量。换句话说，所有的主动性变态表现背后肯定有一个被动的表现和其相对。例如：某人如果是个有暴露癖的患者，那么他肯定隐藏着"视淫症"；同样，一个藏匿着残害冲动的人，也必然有期待被别人残害这种偏好。这一事实的确让人感到惊讶，不过，在所有的病例中，通常都是两种冲动中的一种起的作用更大。2.在一些特别严重的心理疾病中，我们往往更多看到的是多个变态性兴奋的交合呈现，而不仅仅是某个性变态心理在起作用。虽然在这些疾病中，我们几乎可以看到所有性变态行为

的踪影，不过总会有某个行为表现得更为强烈。这些症状使得
我们能更进一步地去了解它，揭秘它不为人知的那面。

第五节　局部兴奋与快感部位

在确认了什么是主动与被动并存的性变态以后，我们就可
以很容易地理解：原来它们只不过是一批"局部兴奋"。不
过，与此有关的讨论尚未就此终结，我们仍能够继续进行。

所谓的"本能"，显然是发自身体却显现于意识的一种内
部刺激。不过本能也不同于我们常说的那种来自于某种外界因
素所引发的刺激，它是意识世界的产物，与身体遭受的某种外
界刺激并不相同。就其本质而言，我们可以假设本能是没有明
确涵义的，事实上，它也只不过是为测验意识世界而出现的一
种测量标尺罢了，至于本能这种兴奋到底是怎样的，它有怎样
的独特属性，则需要通过对产生这种冲动的肉体来源和不同目
的进行分析才能找到答案。兴奋常常产生于某个遭到刺激的器
官，而兴奋要达到的目标便是使得该器官得到放松并解除刺
激[1]。

―――――――――――

[1] 精神分析理论中最主要却又最不成形的就是本能理论，所以我在之后写的《快感原则之
外》及《自我及本我》中又对其进行了详细的叙述。——原注

在对本能进行解释时，我想以下的假设也是必须要提及的：人类身体器官内部存在着两种系统，它们因为化学作用不同所产生的感受也不同。其中一种系统能够引起超量的刺激，即我们所说的"性"；它能够波及到的身体内部的所有区域，即快感区域，而从这些区域中产生的性，我们称之为"局部兴奋"①。

在一些性变态行为中，尤其是用嘴或肛门作为性事的主要器官时，因为快感得到了极大的发挥，几乎使得它们好似生殖器官一样于难以辨别。歇斯底里症的患者在肉体上的个别器官发生如上转换后，还常常明显地伴随着以下现象：这些器官内部皮肤上的神经似乎有了生殖器官的功能，从而达到了正常交合时所具有的快感。

对于歇斯底里症的病人来说，这些附属的性器官（性器官的替代物）所引起的快感有着特别的作用。不过，这并不意味着对于其他的心理疾病来说它们就很次要。强迫症和臆想症患者的快感区域常常含糊不明，原因在于，就心理意义上来说，发病区域与上述性器官没有任何关系，尤其是强迫症，它的冲动所创造出的性目的好像已经全然脱离了快感区域；然而这并不是事实。举例来说，眼睛是"露阴癖"的快感区域，而在那

---

① 暂时很难明确说明此类设想，原因在于它们仅仅是对于某类心理疾病的分析。虽说如此，但我还是需要提及上述设想，否则我将继续不了我对于本能的说明。——原注

些以残害冲动为主的性生活中,则是以肌肤
为其快感区域。当然,这些案例存在着一定
的特殊性,一般而言,唯有肌肤中的一些特
定的区域,方能通过一定的转化,或联合周
围的粘膜,构成非常的快感区域。

第六节　性变态行为多见于心理
疾病患者的原因

我们所作出的调
查表明,没有任何一
种性释放途径或频率
可以被称为"正常
的""典型的""有
代表性的"。它们只
有差异,而且除了差
异之外什么也不表
明。

★金赛

　　经过上述分析,我们或许会对心理疾病
病人的性生活产生一些偏见,认为他们的性
行为本来就是不正常的,脱离正规对于他们
来说也是人之常情。的确,从更广泛的意义
上来说,心理疾病患者的身上不仅存在着巨
大的性抑制和无法自控的性兴奋,或许还存
在着一些特殊的性变态行为。

　　我们并未从轻度心理疾病患者的研究中
找到证实他们有特殊的性变态行为的证据。
或者,我们起码可以说,这种特殊的性变态
行为对于心理疾病的作用并不大,原因在

于，不少病人发病的时间都是在经历了青春期的正常性生活之后。那些隐藏于身体中的压抑正是用来抵抗正常的性冲动的，而某些病症出现的时间推迟，大多是因为性欲无法得到正常的宣泄。在这种情况下，欲望就如前进道路上被阻隔的溪水，只有另辟蹊径，才能滋润周边那干涸的沟壑。因而，尽管不少心理疾病患者身上都能找到性变态行为（都是被动呈现），不过都是因为逼不得已。无论如何，相对于一般人而言，这些病人更需要找到这些干涸的歧路。

其实，能导致某个原来健康的人，后来逐渐发展成性变态的原因有很多：这不仅是他的行动受到了拘束，不能找到健康的性对象，普通的性生活也遭到了打击等外部因素造成的，还是由于他身体内部对于性的压抑所导致的；性变态就是两者共同作用的结果。

事实上，每位心理疾病患者的症状都可能不尽相同。有些患者之所以会产生性异常，是源自于其本性，而有的患者则是像上面所说的那样，是因为欲望在正常的性生活或性对象中得不到满足，便走向歧路，但不管怎样，都可以看出，那些走向极端的心理疾病往往是因为该患者的肉体和精神都指向了同一个偏好。的确，倘若是某个原本身体上就存在异常的人，或许根本无须借助生活中的经验，就可以走向歧路，而某个身体上无异常的人，或许在遭受到一系列的异常打击后，也会患上心理疾病；此说法也基本能够解释那些既源自先天又遭后天作用的病例。

不过，倘若我们依旧不放弃那种较常人而言，在心理疾病患者群中会出现更多性变态的假设，那我们必须着重说明某个快感区域或是一些区域的兴奋。每个人都具有某种与众不同的先天倾向。到底某种心理疾病与某种性变态之间是否存在着某种特殊的联系，我们尚未能进行详细的分析（该研究领域内还有诸多问题尚未得到详细说明）。

第七节　有关孩提时代的性

因为心理疾病病人行为中表现出了大量的性变态意识，这一点得到了我们研究的印证，所以不经意间，性变态的人数多了不少。原因在于，原本现实生活中就存在着很多患心理疾病的病人，再加上正常人和患心理疾病的病人之间无法划出明显的界限，正如莫比尤斯（Mobius）曾说"所有人或多或少都有点歇斯底里症的倾向"，如此我们便能够很容易理解为什么会出现如此多的性变态。它告诉我们，性变态偏好的存在是必然的，它是正常体质所不可或缺的。

我们不时会被一些人问到：性变态到底是天生的，还是如毕内特在研究恋物癖时所发现的那样，是因为偶然的原因促成的？性变态行为中确实存在一些与生俱来的因素，不过它几乎广泛存在于所有人的身上，因为是一类偏好，所以每当受到来自外界的一些影响时，它便会表现得非常强烈，因此，它的强度也不是很稳定。

我们要分析的是某种性冲动因素的天生基因，当时机成熟时，它便能够成长为一种真正的性行为；当处于其他形势之下时，可能就会遭到隐藏的不完全的压抑，为此，它只能用非正常的方式把握性冲动。正常人就处于上述两种极端之间，他们通过有效的自制，达到了正常性生活的满足。

不过，需要提醒大家的是，我们仅可以在幼儿身上发现那种代表着所有性变态行为的基础；尽管它们在幼儿每一次与性冲动有关的行为中仅有微弱的呈现。倘若我们承认，心理疾病是因为病人仍旧想维持或回到童年的性欲，那么，对于儿童性欲的研究就应该得到关注。为此，我们需要了解儿童在性生活成长历程中的那些外界因素，进一步分析到底是什么原因导致一些人产生性变态行为或心理疾病，而有的人却能够走向常态。

第二章

儿童的性欲望

第一节　前　言

对孩童期的忽视

在人们普遍的认识中，人们在幼儿期时是不会有所谓的性冲动的，性冲动是人成长到青春期时才突然出现的。有这种误解的人不在少数，这主要是由于·人们对于性活动基本规律的不了解造成的，而这种知识的缺乏会给人们带来很多不利的影响。然而，假如我们能多视角、多方面地来研究孩童时期的性征兆，也许就会在其纷繁复杂的活动中找到一线思路，从而慢慢发现其源头、组成及变化。但是有趣的是，一些专家在说明成年人性格问题的时候，只把注意力放在我们的祖先身上。他们不知道个人发展有多么重要，却只觉得遗传更具有决定性作用。

事实上，大家都明白，相比于遗传因素，作用于孩童时期的种种因素更能为我们所了解，且更有努力探知的价值[①]。我们偶尔会在某些医学书刊上读到一些与儿童性早熟有关的案例，比如阴茎勃起，自慰和别的一些与性相关的行为。不过人们只将上述行为看作是早发性的意外事故，是咄咄怪事或是骇人听闻的过早堕落，到目前为止，尚无专家分析过孩童时代常态的性生活，很多关于儿童发展的书籍中，当提及孩童性的成长时，总是轻描淡写，或者干脆只字不提[②]。

被完全遗忘的孩童时期

孩童时期的性冲动之所以不受重视，大概是出于以下几点原因：1.由于以往思考方法的局限和作用，专家们基本都在墨守成规。2.到目前为止，孩童时期的意识表现尚无法得到完整的解释，而这是因孩童时代被完全遗忘所导致的。就几乎全部

---

① 其实，倘若无法理解孩童时代某些因素的作用，就无法理解遗传所起的作用。——原注
② 也许这一提法不太正确，为此我特意再次查找了相关书籍，结果证明，此说法仍可保留。关于儿童性欲的一系列研究，无论在物质上还是精神上，还都只是个开端。正如学者贝尔（Bel）所说："据我了解，到目前为止，尚无哪位学者已经认真研究过年轻人的感情生活。"人们总是将青春期前呈现出来的性视为一种病态，且将其作为一个评判是否为变态的标尺。纵观所有有关幼儿时代的心理学书籍，都找不到特意分析儿童性欲的文字。即使是在"大家"〔普莱耶（Preyer）、巴尔德温（Baldwin）、普雷兹（Perez）、斯特鲁贝尔（Strumpeil）、谷鲁斯（Gros）、海勒（Heler）、苏里（Suly）等〕的作品中也无法看到。不过，他们的确对幼儿时期的性冲动有所发现，但是觉得很正常。普雷兹曾证明的确存在上述现象，谷鲁斯也指出所有人都知道这样的情况："一些孩子小时候就存在性冲动，渴望触摸到异性。在贝尔的书中我们还能找到最早发生"性爱"的例子，这发生在年仅三岁半的孩子身上（详见H.艾里斯1913年的作品）。——原注

的人（但不是所有人）而言，他们都会忘记孩童时代初期（往往是6~8年）的全部记忆。

即使这样的情况让我们极为迷惑，不过到目前为止却无人对其提出质疑。众所周知，儿童在幼年时都能够有所记忆，且可以如同大人一般呈现出快乐、痛苦等情绪。大人们往往能够从幼儿们的欢声笑语中发现孩子所具备的理解能力和辨别是非的能力。但是当孩子们长大之后，却对这些没有一点儿印象。为何与别的意识行为相比，我们对幼儿时期的印象却如此模糊？我们都相信，幼儿时期是最容易对事物形成深刻印象的时期[①]。而经过对大量的测试者的心理分析之后，我必须得说明：我们觉得那些自己早已忘记的事物，实际上已在我们的意识活动中留下了不可磨灭的印象，这将会成为我们今后发展的基础要素。

由此，我们可以看出，我们根本不可能彻底抛弃童年的记忆，童年的那些印象虽因自身潜藏的压抑作用的影响而偏离了精神世界，但这只是一种遗忘，与成年心理疾病病人的遗忘症相类似。不过，到底是什么原因导致了儿童时期对于记忆的压抑呢？倘若我们可以找到其中的原因，也就能对那些伴随着歇斯底里症的遗忘症进行深入分析了。因此，我们可以十分肯

---

① 我曾在《遮蔽性记忆》中探讨了幼儿时期最原始的记忆这个问题。关于这个问题还可以进一步参阅《日常生活的心理分析》的第四章。——原注

定，这种孩童时期出现的遗忘情形，有助于我们从另一个侧面来对幼儿和患有心理疾病患者的精神状态进行对比分析。我们在前面已经探讨过一个问题：一些患有心理疾病的人的性活动常常和孩童的性意识相类似，有些是在变化了很长时间后，又退回到孩童的状态。由此我们可以判断出，孩童时期的遗忘也许和这一时期的性冲动有关。

研究关于孩童时代记忆的彻底遗忘和歇斯底里遗忘症两者之间的联系，不是在做什么文字游戏。就歇斯底里遗忘症对于印象的抑制效应，我们能够给予下面的说明：一系列存在于病人精神世界的，但却无法提炼出来的往事，因联想之故，与当前精神世界中的某种行为相匹配，以致达到了遗忘的地步。如此一来，那么我们便可以说，是童年时代的遗忘导致了歇斯底里遗忘症。

我一直相信，所谓的幼儿期遗忘症，指的便是人们对于自己幼年时光的印象几乎荡然无存，进而对这一时期性活动的萌芽阶段也没有了任何记忆。而这恰好就是人们不理

尽管某些少年在其性游戏中，似乎始终努力地去避免接触有关于性的内容，但是在很多前青春期性活动中，的确有着性唤起与性刺激的存在。

★金赛

解孩童时代对于性活动的重要性的原因。仅凭我一人之力来填补这方面的空白是很吃力的，早在1860年，我就曾经提出，幼儿期在某种程度上对于性生活有重要的意义。自从那时开始，我就花费了大量精力来研究这一问题，多年来从未间断。

第二节　儿童时期性潜伏的始末

参考孩童时代不时显露出来的那些与性有关的活动，再加上心理疾病患者对于自己潜意识中有关孩童时代的模糊叙述，我们就能够大概想象出孩童时代性生活的表现[1]。无疑，儿童的性冲动是天生的，它一直在成长，却突然遇到了抑制，而这种抑制要一直持续到青春期性或当自身的身体素质特别好的时候，方能被打破。对于上述类似折线的成长历程，我们还不能探知到它是否会按照一定的规则发展，它的周期又是什么？不过，这些性行为在幼儿三四岁的时候便很明显地表现出来了[2]。

---

[1] 我坚信，心理疾病的病人在儿童时期的成长与普通人几乎无异，二者只是在现象的强度和明显程度上有所不同。——原注

[2] 我们在生理学的解剖中，也看到过相似的例子。拜耶观察到，婴儿体内的性器官（例如子宫）和体长的比例通常高于较大的幼儿，不过我们尚无法探知这些内生殖器官在之后退化的原因。哈尔班也发现，所有的生殖器官都是这样的，且这种退化多发于出生后的十几天。那些只用性腺说明"性"的研究者们，经由上述观察，最后发现了儿童性欲和性潜

性压抑

在幼儿这段性潜伏期的全部或一段时间内，他的精神开始压抑性行为，恍若水库的堤坝，将性行为引入更窄的河道。这些精神作用包括恶心感、羞愧感和社会及美感对于它的最高要求。在文明社会中，我们可能会将这些为幼儿设置的"堤坝"归功于教养的作用。的确，教养是起到了相当的作用，不过事实上，这是个人成长过程中的必经阶段。有时，纵然没有教养起作用，这一抑制作用也是注定要发生的。况且，教育要以自身素质为依托才能发挥作用——使得这种压抑更为稳定和彻底。

升华作用和反向作用

对于一个人来说，在其后一直维持自身的素养与常态，将是一个非常艰巨同时又具有特殊价值的过程。到底该如何走过这一过程？也许要依靠那些时而处于潜伏状态，时而又有所呈现，但始终未曾消失的儿童期性欲——的确，它所拥有的力量或多或少，甚至完全脱离了本来的用途，而在别的地方发挥了

伏。李卜什舒兹（Lipaschschutz）的文章中曾记载到："以下这种看法可能更符合现实：所谓的青春期的性的成熟其实是早期发展起来的过程的加速，而这一过程起始于孩童时期。"十几岁的这一时期，实际上是人生中的"第二青春期"，而从出生到这一时期可被称做"青春中歇期"。菲林克吞发现，这本书中所记载的解剖学上的发现与心理学上的说法是相符合的。让人遗憾的是，性器官的首次成长高峰期发生于当其还是胎儿时，但是儿童时期的性行为只有在其三四岁时才能被很清晰地观察到。当然，我们不会要求人生理上的发展非得跟上心理的发展。该项目通常将人的性腺作为研究对象，因为动物没有类似于人类的性潜伏现象，所以如果想研究动物的性器官是否也经历过两次快速成长，将会是一件非常有趣的事情。——原注

作用。这种能够偏离性目的而作用于其他方面的性能源，被那些专注于人类文明发展史的学者们称作"升华作用"。正是这种力量造成了人类在文化上所取得的巨大成就。再者，还要提醒大家的是，这种升华作用会伴随着性潜伏期而开始贯穿于个人成长过程的始终。

就升华作用的作用过程而言，我们还能够从其他的角度对其进行说明。人类之所以会有性潜伏期，是因为人类生殖能力的延迟，使得儿童时期的性冲动发挥不了作用。而且，儿童时代的性冲动通常只能让人感到难堪，再加上那些发自于快感区域的性冲动，给人带来的体会也并不愉快。随着时间的增长，上述作用慢慢累积起来，便形成了一种反向作用（反向的力量）。而这些不愉快的经历，便是恶心、羞愧感和道德感等精神堤坝建立起来的基础①。

潜伏期的中止

潜伏期的中止可以让我们暂且可以不去讨论含糊不清的潜伏期和儿童时代的经历，也无需再徘徊于那些中庸的设想，现在可以把目光转到分析一些现实的问题上来了，那就是，幼儿期性欲的结局是理想抚育所得到的最佳结果。不过，因为人各

---

① 这里所指的方向与性本能能源的升华的方向恰好相反。不过，大多数时候，反向作用和升华作用是互不干扰的，升华作用也能够通过更简单的方式完成（详见《论自恋》和《自我与原我》中第三、四、五章）。——原注

有不同，所以有时候，某些人的性行为会背
离升华作用，明确地显露在外，而有时候，
这些性行为在潜伏期仍时隐时现，直到青春
期时才全面而激烈地展露出来。

在谈及儿童时代性欲的时候，那些教育
家看似赞同我们的观点，实则却仍坚持要想
拥有道德，就必须撇弃性欲。这些学者之所
以将幼儿时期的所有性行为视为"敌人"，
仅仅因为他们无力改变这一切。与他们想法
不同的是，我们认为只要我们敢于研究这些
让学者们害怕的现象，就肯定能够找到性冲
动的真正原因。

> 我们所作出的调
查数据证明：弗洛伊
德所提出的人类从婴
儿时期就已经开始有
了性活动的理论，确
实是有据可查的。
> ★金赛

第三节　幼儿性欲的表现

吮吸拇指

孩童时期性行为的典型方式就是吮吸自
己的手指。我们为什么会这样说呢？具体原
因这在以后的章节中会讨论到。对于这样
的情景，林达奈（Lindner），这位匈牙利的儿科医师曾经在他的一篇文章中作过很出色的解释。处在哺乳时期的婴幼儿常常会有吮吸手指的行为，但有时候这种行为也会发生在成人身上，而且有些人会一辈子保持这种习惯。这种不断重复地、有规律地嘴唇吮吸动作，其目的通常为吸吮营养。然而，手指也并不是固定的吮吸对象，他们吮吸的部位还有嘴唇、舌头等很轻易就能接触到的地方，有时，也有像自己的脚趾那些较难接触的地方。

　　这种吮吸的过程还会激发幼儿拿取物品的欲望。比如，他们会有节奏地抓挠耳朵，或者抓取其他人身体的某一部位（尤其是耳朵），这类行为的目的与之前所说的吮吸情形的目的是一样的。吮吸能够让人感到感到无上的快乐，某些时候会让人慢慢地进入梦乡，有时甚至会带来和性高潮相似的那种刺激①。在这样的吮吸行为中，还会有身体别

> 从诞生那天起，人类就具有感受刺激并产生性反应所需要的一切生理构造和神经系统，也就是说婴儿有可能产生与成年人一样的性反应，女性也是如此。
>
> ★金赛

----

① 由上所述我们可以看出，就算是处在幼儿期的孩子，这种性活动所带来的满足感就已经可以促使他们更好地进入睡眠当中了，我们也可以把那些过敏性失眠症的病因归于无法得到性满足。我们都知道，那些在性方面不能得到满足的保姆常常会抚

的比较敏感的部位（比如胸部和性器官）被触动，大部分幼儿常常会从吮吸手指进而发展到手淫。

　　林达奈非常了解吮吸行为在性的方面意味着什么，并且公开指出了这个问题，他认为，抚养婴幼儿的家长们会因为他们的孩子吮吸手指而对其进行惩罚，是把这种行为看得和其他那些所谓"性"的调皮行为一样严重。但是许多儿科和神经科的医生们都对这样的看法表示强烈反对，因为他们无法真正理解"性"和"生殖器"二者之间的差别，把两者混为一谈。这样的错误理解会导致我们面临一个难以解答却又必须面对的问题：我们到底该如何识别一种行为是不是性的表现。

　　我认为，通过精神分析，人们已经能够比较清楚地了解到那些充满性意味的行为发生的原因。这样一来，人们就会自然而然地把吮吸手指这样的行为看成是一种性行为的表现形式。从这个角度，我们就能够对孩童时期性行为的基础性特点有一个研究性的感知。

　　自体享乐

　　我认为，我们有责任对自体享乐现象作出一个合理的解释。我们一定要持有这样的观点：这种性行为的一个显而易见的特点就是其对象不是别人，而是自己本身，艾里斯（Elis）

――――――――――――――――――――――――――――――

摸幼儿的性器官，这样可以使自己比较容易地进入睡眠。――原注把它巧妙地称之为"自体享乐"（autoerotio）[1]。

　　另外，众所周知，当一个幼儿吮吸自己手指的时候，这意味着他在寻求一些让他难以忘怀的快乐记忆。不断重复吮吸皮肤表层粘膜，本来就十分容易获得性的满足。我们都知道，幼儿在这种情形下幼儿所追寻的快感，以前曾在哪种情形下感受到过——吮吸妈妈的乳头（或者是类似的替代用品），本来是幼儿成长过程中最早感受到的快乐体验，这种体验对于幼儿来说非常重要。

　　由此我们可以看出，幼儿的嘴唇是可以体验快感的敏感部位，从乳头流出的温暖乳汁确实可以刺激幼儿的神经，给他们带来快感。刚开始的时候这种满足感与获取乳汁的营养所得到的满足感之间有紧密的联系，如果看到一个婴儿心满意足地吃完母亲的乳汁，红红的脸蛋儿露出微笑并很快就满足地进入睡眠，你就会联想到这和一个成人获取性满足后的那种情景有多么地相似。

　　然而，随着幼儿的发育，这种获得性满足的渴求会慢慢与获得营养的渴求分开。在幼儿长出牙齿之后，就不会再以吮吸的方式进食，而是变为咀嚼。从这个时候开始，这两种行为便

---

[1] 其实，艾里斯在这里所说的"自体享乐"这个词，其所涵盖的意义跟我所指的意义并不是完全相同的，艾里斯侧重于讲"自体享乐"是来自于内部而非外部的兴奋，而通过精神分析学，我们认为兴奋的来源并不是最重要的，最重要的是这种兴奋和对象之间的联系。——原注

分离开了。很显然，这个时期的幼儿还不能自理，也不可能适应周围的环境。对于他来说，能替代母亲乳头的只有自己的皮肤，他吮吸自己手指是出于两方面的因素：一是这么做比较方便；二是手指能够成为其他不太重要的快感部位。正是由于这样的敏感区感受到的快感比较微弱，因此在一个人慢慢成长的过程中会被逐渐丢弃而被别的可获得快感的来源代替——这便是别人的嘴唇（"好遗憾！我不能够亲吻自己！"这句话能够较好地说明这段话的意义）。

我们自然会想到，并非所有的幼儿都有吮吸手指的习惯，而对于那些有这样习惯的孩子来说，他们的嘴唇能更敏感地感受快感，这些人长大后常常喜欢亲吻，更有甚者还会产生一种混乱性亲吻的偏好——比如男孩极有可能会喜好抽烟喝酒。然而，如果是潜在的抑制作用占据主要地位，那么这些孩子就将会对进食感到厌烦，引发歇斯底里式的呕吐。这是因为嘴唇为进食和亲吻共同使用的部位，而占据主导的抑制作用会很轻易就影响到进食的欲望。我诊治过的许多女性，她们的症状大都与进食有关联，比如歇斯底里性喉涨感、窒息感、呕吐等，而她们在幼儿时期都常常吮吸手指。

在吮吸手指或类似这样的"为快乐而吮吸"的行为中，幼儿时期的性活动表现出了三个主要特征：其来源与维持生命必不可少的、以获取营养为目的的进食行为密不可分；并不知道有性的对象，属于"自体享乐"；其性目的直接由感触到的快感区控制。我们可以肯定，其他幼儿时期的性行为也有类似这样的特征。

第四节　儿童的性目的

快感区域的特点

对于快感区域的认识，吮吸指头的案例为我们提供了很多有价值的参考，例如：快感区域的组成肯定为身体皮肤组织的某一块，且该区域受到某种作用时，能感受到某种确切的愉悦体验。不过，目前我们尚且没有研究清楚，快感区到底拥有什么特征以至于它会因为某种作用而很愉悦。

当然，这种快感大部分来源于"律动性"的发挥，这不得不让我们联想起抓痒痒的愉悦。不过，我们尚无法说明，上述作用下的感受是否与其他感受不同，而且在这种感受中，"性"又起到了怎样的作用。在心理学中，每当话题涉及"快乐"或"痛苦"，总是无法找到确切答案。为此，每当我们作出一种设想时，就务必要时时保持谨慎。对于"性"带来的感觉，我们暂时尽可以说它是很特殊的，但究其特殊的缘由，只能留待我们以后慢慢探索了。与上述"吮吸指头"案例中所指出的一样，人体总有几个地方对于"性"刺激的感觉非常特别，也就是所谓的"快感"区域。不过，从这个案例中，我们也可推导出：只要有皮肤粘膜附着的部位，就很容易产生快感，因此我们说，上述观点所包含的尺度还是很大的。

经由上述分析，我们可以得知，相比于刺激作用的部位，快感主要是来源于刺激的性质。那些习惯于吮吸指头的孩子，总是通过吮吸身体的所有部位来探寻自己的快感区域，时间长了，他们便能找到自己的快感区域并常常吮吸这些地方。如果在探寻的过程中偶然遇到乳房、会阴周围等较为敏感的部位，那么，快感区域就由此被固定下来了。

在对歇斯底里症的观察中，我们还能看到一些类似于转移作用的情形。因为歇斯底里症自身对性的压抑，导致原本由快感区域所感受到的性冲动转移到了别的部位并替代了生殖器官，从而使得那些理应隐藏起来的现象重新显露了出来。不过，除了上述情况，与"吮吸"案例一样，人体别的地方也能够通过生殖器官性冲动的转移作用变成快感区域，且这些快感区域分布的地方基本都是歇斯底里症状区域[1]。

儿童性欲的目的

儿童性欲的满足通常是通过对于某个特殊快感区域适当的

---

[1] 通过大量的观察和一系列分析，我发现人体的所有部位，包括所有内脏在内的器官均能够成为快感区域，具体详见本人撰写的《论自恋》。——原注

刺激使其达到一定的愉悦，从而完成其性目的的。要想建立起某种"反复"的欲望，这种愉悦必须是之前曾经体验过的。我们绝对能够承认，上述事件的完成，绝非是来自于偶然，而是自有其发展的历程。而这种历程，在说到口舌快感区域时我们曾经分析过：人体的口舌也有吸取维持生命所必须的营养的功能。近似于这样的性的过程，我们在讨论别的性刺激时也曾发现过。这种"重复"的性欲来自于哪儿？我想有以下解释：1.附着于某种奇特的焦灼感，且这种感觉挑逗人的欲望；2.在对应的快感区域有来自于精神世界中的某种特殊感觉。

所以，综上所述，性欲的目的，即在以外界的作用为工具去消除那些存在于精神世界但是表现于快感部位的焦灼感，进而达到愉悦的状态；外界作用指的则是近似于吮吸的方法。此外，通过使快感部位发生一定变化的方法，也能从快感部位的周围区域激发出这种欲望，这也没有背离我们所知的解剖学知识。但这里仍有一些疑问：加诸在相同部位的相同刺激，为什么既能压抑又能激起那种兴奋呢？

第五节　幼儿的手淫

如果我们已经了解了口舌部位的快感是如何激发的，那么我们就可以此推及身体别的快感部位，所以说，在儿童的性行为研究上，我们已经跨过了最为主要也是最为艰难的一个阶段，往后的研究将会变得轻松一些。我发现，每个快感部位不同于其他部位的最大特点是他们对达到快感所要求的刺激有所差别，例如：口舌部位要达到快感所要求的动作是吮吸，而别的部位则根据其特性运用其他的动作来达到快感。

肛门部位的快感

类似于口舌部位，肛门部位也有别的作用。这一部位使我们联想到很多有关性的东西。在精神分析的过程中，我们发现肛门部位在正常状态下产生的冲动与变化是如此繁多，且这个部位能一直保持一定的性冲动现象，这实在令人吃惊。

在儿童期，肠炎频发常会造成儿童的神经质，不仅如此，这还能引发之后的一些心理疾病，且通常是以胃肠不适为主。在明确了肛门部位在转化意义上的重要作用之后，我们也就不会再因为之前的医学书籍中强调痔疮对于心理疾病的重要影响而发笑了。

幼儿们经常通过以下行为——他们经常会憋着自己的大便，直到非得使劲地运用肛门周围的肌肉方能排出的地步，来享受来于肛门部位的快感。此时，所有大便同时排出肛门，在很大程度上刺激了肛门周围的神经，这样的做法激发了痛感，然而这痛感中又有平时无法感受的轻松感。如果一个孩子被佣人带去厕所排便，但是他时常不肯当着佣人的面，而是愿意独自一人感受排便的快感，这意味着这个孩子以后的性格会很刁钻，而且有点神经兮兮。这种性格的儿童也许只会在有便意的时候尽情地享受排便的痛快，而丝毫不会在意排便时是否会弄脏床铺。

教育学者们早已意识到，能够随意控制粪便的儿童在性格上是很调皮的。试想一下，那些积累起来的粪便在瞬间作用于肛门粘膜的感觉，与孩童在性成熟后生殖器官上的特殊感觉何其相似，所以儿童的这种做法带有很强的色情意义。上述观察给生育学提供了很好的解释：排便行为意味着"贡献"，将粪便排出很明显包含着放弃，但是憋着不排出，却代表着孩子不甘心放弃，也意味着对外界的抱怨。幼儿经常通过"贡献"的角度去揣度"生育"的意义。通常儿童对于"性"的认识是这样的：人因为吃了某种东西而怀孕，然后在通过肠子"生产"出来。

之所以控制大便原因在于积粪能够作用于肛门粘膜，从而感受快感，实现自慰的效果。为什么精神衰弱的人往往会积累粪便，或多或少也是因为这个原因。无一例外，所有的心理疾病病人都有其自身独有的排便惯用的方法，而且会尽可能隐秘而谨慎地将这些方法保留下来，由此可见肛门部位的重要性①。正如我们所见，很多年龄比较大的儿童，会因为意识上或肛门周围的瘙痒而运用指头刺激其肛门部位。

对性器官的自慰

对于幼儿身上的各个快感部位来说，有一个快感区与儿童时期的性体验并没有多大关系，且看似毫不重要，不过在以后的性生活中却注定要成为主角，且这一快感区和排小便有关系，这就是男性的阴茎和女性的阴部。

拿阴茎来说，它时常被包裹于薄薄的包皮之中，只要出现刺激物，便能很轻易地起作用，继而能够在早期激发幼儿的性冲动。这个部位产生快感是很正常的性现象，且在以后也将成长为常态的性行为。因为生理学位置上的特殊性，所以无论是洗澡或接触，还是别的无意的作用（蛲虫晚上对肛门的刺激、不小心接触到女性的阴部），都会很轻易地刺激这个部位。婴儿在被喂奶时就已感觉到自己这个区域的愉悦感，因此一旦再次遭遇这种刺激便能激发其想再次感受这种愉悦感的欲望。

只要稍微留意，我们就能够得知，无论你是想竭力保持孩

① L.安得列斯·萨洛姆曾写过一篇有关肛门性欲的文章，在文中他详尽而深入地讨论了肛门快感区。他说，当幼儿第一次遇到来自外界的阻止和控制时（基本是让他们放弃从排出积累的粪便中寻求愉悦），这种阻止将对他们日后的全面发展起到关键性的作用。这也使幼儿首次发现自身的冲动处于一种不怀好意的世界，进而逐渐将本身与外部环境彻底脱离。同样，他也首次通过抑制的力量控制了自己本能的冲动。自此，在他们心中，"肛门"便成了所有恶心和违反正常生活的事物的代名词。肛门和生殖器官绝对不同是普通人的普遍看法，殊不知，它们二者无论是在生理结构还是作用上都很相近，两套组织紧密相连。其实，"对女性而言，性器官仅仅是在那儿租赁了一块地罢了。"——原注

童的清洁，还是放任他继续脏下去，结果都是相同的。我们坚信，这是自然的作用，正是因为这种每个人都必经的儿童时代的自慰，我们才有了以后在性生活中运用该快感部位争霸的可能。幼儿通常运用手对快感部位进行触摸刺激，或者两条大腿挤压在一起来抚平紧张感，达到快感，进而抗击这种打压本能的力量。女孩更喜欢运用后面这种十分古老的方法，而男孩更喜欢用手来自慰，这也意味着当他们成年时，通常会通过手的抚摸来缓解性兴奋。

儿童自慰的第二阶段

通常来讲，幼儿的手淫时间不会持续太长，不过有的也能持续到青春期，文明社会通常会将这种自慰行为看作是脱离常态的表现，并对其表示不齿。在婴儿期结束之后，性冲动有可能在即之而来的孩童时代中再次出现，然后可能再度被抑制；不过，也有人会一直持续到青春期。整体而言，可能各种复杂的情况都会出现，而我们要做的就是仔细分析个别案例，以期对整体情况作全面的

我们认为，精神分析学者所强调地婴幼儿时期的性发育及其性能力，或其所受的压抑，认为这是形成成人性行为模式和整个人格的诸多特点的最初源泉，现在看来，无疑是正确的。

★金赛

69

了解。不过，无论如何，儿童第二个阶段的性行为都会在其记忆中留下难以磨灭的印记，它不只对个人性格的形成起着关键的作用，同时对于在青春期后患上心理疾病的患者的病症也起着关键的作用①。

幼儿期的性活动通常会被忘记，就连精神世界中对于这一阶段的模糊印象也仅仅是经历了转移作用之后的假象。我以前就说过这个观点，普通人之所以会完全忘记孩童时代早期的活动，是因为孩童时期性的作用。精神分析法能够将那些被忘记的活动从潜意识里提取出来，进而治疗那些潜意识作用下的强迫症。

孩童自慰行为的再现

婴幼儿时期的性冲动会重现于孩童时代，或是形成一种自发的、只有通过手淫方能解除的焦灼感，或是出现一种近似于遗精的现象。上述现象几乎无异于成人的遗精过程，可以无须通过任何动作就得到快感。那种类似遗精的现象通常多发生在童年期后的女孩身上，我们尚不能了解其中的缘由。虽然它并不常见，不过我们仍然能够由此探知其早年有过过度手淫的行为。幼儿时期的性活动显露的并不明显，某些性器官此时尚未

---

① 近期，布列拉发表看法称，心理疾病病人心中怀有的愧疚感通常来源于对于性成熟初期的自慰印象，不过这还需要精神分析学的进一步研究。精神分析对此最常见和最重要的一种说明是，自慰表现了幼儿的性欲望，而性欲通常伴随着愧疚感。——原注

发育完全，而各种疾病的症状几乎都发生在临近于生殖系统的泌尿系统上。众多有关膀胱的疾病均隐含着性的意义，那些夜晚遗尿的小孩，要不患有癫痫症，要不就是有类似于遗精的过程。

通过对心理疾病成因的探究，再加上精神分析法的运用，我们能够在很大程度上说明之所以重现幼儿手淫的内外原因。对于外在原因，我们的观点如下：这个阶段偶然发挥作用的外在原因，通常会对儿童的发展起到关键性的作用。此时，最主要的影响是诱导作用：如果有人亵渎了年幼的孩子，那么这些儿童或许就会因为经不住性冲动的影响而对自己性器官进行自慰，以达到快感。至于内在原因，我们将会在之后进行详述。

当然，大人和其他一些孩子语言上的教唆也可能造成这样的场面。对于这点，我承认在分析歇斯底里症时并没有太过关注它的作用，因为那时我尚未发现一般人在孩童时代或许也会遭遇类似的情形，所以才会过分地注重诱导在性成长中的影响。[①]当然，幼儿性行为的出现或许是在自然的发展过程中，因为自身的原因而出现的，并不一定非得是受到了别人的诱导。

---

① 艾里斯以前曾写过一些性生活很健康人士的传记，在书中记载了他们儿时的首次性行为。因为所有人的性生活肯定都会受到儿童时期遗忘的影响，所以这些传记肯定存在着一些不足，不过，我们能够运用精神分析法对其进行修补，因为它们确实很有意义。——原注

众多性变态行为的表现

需要提醒大家的是，或许因为诱导，幼儿身上会出现许多的性变态行为，这很可能会导致他们的性生活走向异常。这也说明了幼儿自身拥有发展所有行为的能力。孩童时期异常现象的突起并未遇到很大的阻碍，其缘由是压抑这些异常行为的意识能力，比如羞愧感、恶心感及道德方面的约束等（这些能力是伴随着幼儿的年岁逐步增加的）都尚未成熟和完善，需要在成长过程中逐渐发展。

就一个人身上可能存在着一种变态行为的多重表现这一点而言，单纯的女性和幼儿还挺相近的。这些单纯可爱的妇女们的性活动往往是正常的，不过一旦有人对其施以诱导，那么她们便能够在任何性变态生活中得到满足，并将这些变态活动视作常态下性生活的一部分。无独有偶，这种经由多方面表现的异常性行为或与幼儿相类似的倾向也广泛存在于妓女身上，在许多妓女和那些看似清纯实则很妖艳淫荡的女性身上所看到的，让我们不得不承认这种本能的性变态存在的可能性——广泛而普遍地存在于现实的人类当中。

部分的兴奋

不过，若是所有变态行为被归因到诱导这点上，非但不能很好地解释性兴奋的原始联系，甚至还会对这种研究造成阻碍。这是因为它在儿童性兴奋还没有指定其对象的时候，就已为其提供了选择性对象的可能性。不过，我们需要认识到，尽管儿童时期的性行为多是发生在其所能感受到的快感部位，但起初都无法避免地带有以他人为性对象的成分，其中诸如偷窥狂、露阴癖等，都不同程度地发生在快感部位之外，然后随着年龄的增长渐渐归入其性行为中。的确，纵然儿童时代的该类行为和快感部位的关系不大，不过往往还是表现得很露骨。孩子与成人最大的不同就是，他们没有羞耻心，不怕裸露自己的身体，特别是显露自己的生殖器。

除了喜欢裸露外，儿童还喜欢做出与之对应的另一种性变态表现——极其想窥视他人的生殖器。这种心理并不是在儿童年岁很小的时候出现的，它出现的时候，很可能儿童就已经有很强的廉耻心了。在诱导的作用下，窥阴癖这一变态行为或许将会时常存在于幼儿的性行为中。

然而，我们对一些健康者以及某些心理疾病病人的孩童时代进行了再现，发现诸如窥阴癖等现象即使没有外界因素的诱导也可能会产生，这在幼儿发展过程中是很正常的。一般情况下，如果幼儿开始将好奇心放在他们自己的生殖器上，出现了自慰的行为时，就会将注意力从别人的身上转移出来。假设幼儿在发展的过程中并没有受到外界的影响，那么也许他就会对周围小朋友的阴部特别的好奇，而因为往往只有在伙伴上厕所的时候才便于窥探，因而这些有着偷窥癖好的孩子们便对其他人的方便行为特别感兴趣，这样的癖好或许会随着年龄的增长而被压抑，不过对于他人（无论男女）阴部的兴趣仍然持续着，并成为一些心理疾病的主要表现。

幼儿性行为中所表现出来的残忍基本和快感部位没有关系。通常而言，那种能够控制自己的行为，且使得该行为不至于太残酷而对别人造成伤害的能力（也称做同情能力），很晚才会得以形成，因此幼儿往往会显得很残忍。据我们了解，目前，尚无人详细研究过此种现象，不过我们依旧能够想象出，上述残忍冲动的出现是因为性生活中展示霸权的需要，它早于生殖器官的完善，且在相当长的时间内存在于性活动中。我们将这一阶段命名为"生殖器官前期"。我们绝对能够肯定的是：那些在和小朋友或动物相处时表现得极为残忍的幼儿，其在幼年时肯定感受过快感部位的极大满足。总而言之，快感部位的行为是每一个幼儿性生活中最主要的。

如果没有同情能力的存在，那么表现欲

> 弗洛伊德所说的"前生殖器阶段"的性活动，以及在青春期中有一个性活动的"潜伏期"，对此，我们却尚未找到事实证据。
>
> ★金赛

与幼儿身上的残忍和性冲动便始终交织在一起，并有可能一直
伴随着孩子长大。自卢梭《忏悔录》面世后，几乎所有的教育
学者都清楚：一个人之所以会成为受虐狂，其中一个原因就是
他们在年幼时臀部曾遭到过体罚。教育家们很明确地要求停止
对儿童身体的任何部位进行惩罚，因为这可能导致孩子的原欲
在发展过程中走上歧路[①]。

第六节　关于幼儿性学的研究

儿童性生活最早出现的时间，一般来说是3～5岁之间。在
这段时间里，一种原始的探索与本能的求知欲也会随之而生。
而这种求知欲并不能简单地被归结为原始本能，或认为其完全

---

① 1905年出版的本书首版中，有关儿童性行为的分析资料大多取自对于成人的精神分析的
研究。因为起初我并没有对幼儿进行研究，就从幼儿角度出发也仅能发现少有的几个相互
没有联系的观点和想法，直到后来开始接触到一些在儿童时期便患有心理疾病的病人时，
我才慢慢发现了幼儿的一些"心理-性欲"（Psycho-sexuality）的存在。让人惊喜的是，
正是因为这些观察到的临床资料，再加上精神分析法的研究，为上述谜团提供了明确的依
据。同样，1909年发表的《关于一个五岁男孩恐惧症的研究》一文中所提到的幼儿语言发
展的最初一年内能够产生性象征（或是用那些非性物件来替代有关性的东西），也让我进
一步了解到了一些在精神分析法中没有涉及到的现象。为了能够清楚地说明，我将自我享
受期和将爱指向性对象两者分开来说，它们表面上看似无法发生在同一时期，实则不是这
样。上述的分析中，还有贝尔的观察都证明了，3~5岁的儿童便有通过自己拥有的强烈情感
而准确挑选性对象的能力。——原注

许多父母都会遵
守社会准则，过于谨
慎地将男孩与女孩的
生殖器遮得严严实
实，这样做反而直接
激起或加强了孩子们
对异性生殖器的好奇
心。

★金赛

来源于性活动。这时的活动，一部分是在掠
夺欲望的提升中滋生出来的，另一部分则产
生于自视淫冲动，不过，不管怎样，它还是
与性生活有非常密切的联系。从精神层面分
析，儿童的好奇心主要来源于性问题，它往
往产生得很早，并且又颇为热烈，所以，儿
童的好奇心很大程度上就是被性问题所激发
出来的。

狮身人面兽之谜能够激起孩子们无穷的
探索热情，这种热情并不仅仅停留在理论层
面，而是实实在在的兴趣所在。通常来说，
如果一个家庭中即将诞生或已经诞生了弟弟
妹妹，那么，在孩子们眼中，这都是他们的
威胁，他们会瞬间产生一种就要失去爱抚和
呵护的不安全感，以至于会表现得越发好奇
和多动。当儿童发觉到这点时，随之而来的
第一个问题就是婴儿是从哪里来的，而并不
是两性之间的区别。事实上，这也正是狮身
人面兽给人们出的谜题；尽管世人往往将其
歪曲理解，但实际上还原起来也并不困难。
在通常情况下，孩子们总会毫不犹豫地接受

这个事实，即两性的存在。男孩们则会认为每个人都会拥有和他相同的性器官，他们根本不会想到别人没有这个东西。而当与想象中不同的事实终于呈现在他的面前时，他们的内心会受到极大的震动。男孩们内心会极力挣扎，排斥这个事实，直到经历了一番强烈的内心争斗（阉割情结）之后，他们才不得不接受这一事实。而对于女孩来说，则会因没有阳具而会产生一种心理替代现象，一旦形成性反常时[①]，这种"替代"现象就会发挥很大的作用。

在儿童的理论世界中，他们首先接受的是每个个体都与自己有着同样的（男性）性器官。即使从生物学的角度来讲，女性的阴蒂与男性的阳具样子也的确很类似，但是孩子们从一开始是完全不知道的。如果女孩看到男孩的性器官与自己的不同，她不会像小男孩那样马上就产生抗拒心理，相反她们会很快接受这个事实，并且没过多久，她们就对男孩能拥有阳具而艳羡不已。随着时间的推移，这种羡慕的情愫不断累积，最后她们甚至会希望自己就是个男孩。

很多人都有过类似的关于诞生疑问的记忆，在他们青春期的时候，都对"小孩到底来自于哪里"这个问题有过强烈的好

---

① 女孩也会产生"阉割情结"。不论男女，都曾经认为女人原本和男人一样具有阳具，并且会由于阉割而丧失。而男性一旦搞清楚女性天生就没有阳具这一点时，就会忍不住从心底里产生对女性的鄙视情结。——原注

奇心。而关于这个问题的答案真是五花八门，无奇不有。

有人说孩子是从胸口里蹦出来的；有的认为是从咯吱窝底下爬出来的；还有的说是从肚脐眼中钻出来的。[1]如果没有深入分析，我们几乎已经淡忘了自己小时候对于人类从何而来是如何进行研究探索的。小时候，我们总认为一个人是因为吃了某种神奇的东西（就像童话小说中）才会怀孕，随后孩子就会像大便一样产生出来。孩童时期的理论往往使人容易联想到动物界的构造法则，特别是那些比哺乳动物更低等的动物，它们至今都保存着泄殖腔。

很多时候，性行为中的虐待行为主要是产生于大人毫无掩饰的性行为。因为成人往往觉得孩子们单纯无知，肯定不会懂得性的事情，所以往往有恃无恐地在孩子面前进行成人的性行为，久而久之，孩子们脑海中就会对性行为产生深刻的印象，甚至误以为这是一种欺负、侮辱甚至是种虐待行为。从精神层面分析，在幼儿时期的这一印象往往会在以后使其性行为发展成为虐待。同时，孩子们还会经常好奇，性行为到底意味着什么？在他们幼小的心灵世界中，这种好奇就等同于好奇婚姻究竟意味着什么。在他们的脑海中，这个问题与大小便的功能问题是同一个概念。通常来说，孩子们的性理论是通过他们自己

---

[1] 在年龄稍大的孩子中有各种关于婴儿如何产生的理论，这里仅举几个具有代表性的例子。——原注

的性本能创造出来的，所以，他们的研究注定是不会成功的，并且还会犯下很多非常可笑的错误。

但是，不管怎么说，孩子们的性成熟度已经远远高于大人们的判断。比如，孩子可以发现母亲怀有身孕，并且也能自己找到一个合理的解释。关于他们总听到的"鹳鸟送子"的故事，他们往往持高度怀疑的态度。但是不管怎样，有两件事是孩子们注定不会懂的，即女性生殖器官的存在及男性精液的受精功能，毕竟这些在小孩身体上还不显著。正因为如此，孩子们的想象和推理总是无果而终，最终他们还是对此一无所知。

这样久而久之，孩子们的求知欲就会大打折扣。孩子们对性的好奇与探讨总是独立存在的，自从他来到这个世界，他们就从这个问题开始走向独立与自主，并且不断通过自身来探索未知的方向。最初，他们对这个世界充满信任，然而从这时开始，当他们再面对周遭的人和事物的时候，往往总会生出一种被隔离的孤独感。

第七节　性组织的发展期

我们已经强调指出幼儿期性生活的特征包含了下列事实：
第一，从根本上而言，它是从自身寻找答案的，所以属于自体享乐型；

第二，它的每一次"部分冲动"，基本都是各自独立存在的，虽然相互之间没有关联，但都是为了寻求快乐。探寻快乐是引导性活动发展趋势的原动力，最终将达到繁衍后代的目的；这就是正常的性生活。所有的"部分冲动"都来自于一个最重要的快感区，由此会产生一个强大的性组织系统，最终达到向外界的性伙伴产生性需求的目的。

在运用精神分析法研究性发展的过程时，不断遭遇到各种禁忌和干扰，从而证明，部分冲动都有其各自独特的满足方式及实现方式，这样就能构成整个性体系中最为本真的阶段，而这个阶段却往往总是被人们视为多余的。这一阶段的发展过程很容易产生，并且几乎不留痕迹。我们只有从一些病态的例子中，才会发现这个阶段逐渐活跃起来，并且相当显而易见。

性器官前期指的是生殖区尚未承担主要职责的阶段。这一时期有两种最常见的形式，也就是我们能够从远古时代的动物祖先中发现的情形：第一种性器官前期体系是口欲的，也就是说，它同时可能会吞食同类。在这个时期，性活动往往和动物摄取营养的活动是相伴而生的，并且两性之间也并未产生差异化，这两种方式通常是相互混同的。这种性目的是要把对方融入自己体内。

之后，这种原型（prototype）又在同化作用（identification）

中发挥了重要的作用，表现为吮吸指头的行为。在这一时期，摄取食物就和性生活区别开了，但是仍保留着自身的一部分以替代外来的对象①。

第二种性器官的前期指的是虐待性的肛门性欲体系的产生。在这段时期里，两性已经有了明显的界限，但是依然保留着"主动的"与"被动的"两种类别，而在后期的性生活中发展出来的男性与女性的显著区别，这时还不明显。此时的性活动主要受"支配冲动"的影响，靠全身的肌肉来完成的，而肠道的粘膜快感反倒是次要的性目的了。两性自身追逐的目的并不相同，具有个异性。此外，其他一些自慰形式的"部分冲动"也一直存在着。总而言之，在这个阶段，性的两极分化已经产生了，并且外部的性对象也已经存在了，但是性欲仍仅限于繁衍子孙后代的功能。

矛盾心理（ambivalence）

上面提到的所有性体系都有可能维持终身，并且一直主导着性生活的大部分时间。虐待症的出现，还有肛门区体现出的泄殖腔的作用，都证实了它们的确来自远古时代。此外，我们还能找到它的一个特征，那就是成对出现却又相反的性冲动，

---

① 关于这一时期在成年心理疾病患者身上留下的印记，可以查阅阿布拉罕（Abraham）的论文，他在文中详细描述了这一点。同时，又在后来的一篇文章中，把口欲期及"虐待-肛门期"进一步划分为两个阶段；这是另一种看法。——原注

即爱恨交织的出现，布留拉曾把这种情况称
之为"矛盾心理"，这个称呼非常准确。

提出性生活范围内存在着一段性器官前
期的假设并非杜撰，而是通过对心理症进行
深入分析之后所得出的结果。毫无疑问，我
们能够推测，精神分析以后还会获得高度发
展，这样我们就能更加深入地了解什么是正
常性功能的结构，以及正常性功能以后的
发展趋势。还有一个情况，对于分析儿童性
生活来说是不得不提的，那就是对于孩子来
说，性对象也是有选择的，这种选择在方方面
面都类似于在青春期时对于性对象的选择。

对于孩子来说，他们通常也会把性对象
固定在一个人身上，他们对性的所有想象都
放在那一个人身上，期望能够从那个人身上
实现性目的。虽然这种方式对于儿童来说是
模仿青春期的最便利的方法，但是在某种意
义上来说，这又与青春期的情况有着很大的
不同——在儿童时期，各种"部分冲动"还
并未受到生殖区的影响，而事实上，生殖区
才是一切性活动的主宰，使子子孙孙能够繁

从生理学意义的
角度来讲，性唤起与
性高潮是指一种成人
或婚后才有的现象，
它包括一系列机体
的、生理的和心理的
变化。
★金赛

衍下去的情况，是整个性发展的最后一个阶段。

　　在正常情况下，对于对象的选择期可以分为两个阶段，或者说是两次质的飞跃。第一个阶段是在孩子3~5岁之间，一旦到达潜伏期，就立刻中止了，这一时期的性目的完全是儿童式的。而第二个阶段就不同了，它开启了性生活的明确形式，这一阶段开始于青春期。①

　　因为潜伏期的影响，对象选择往往会分两次出现，这种情况会深入影响最终结果，尤其是病态结果。在孩童时期对于对象的选择往往会影响深远，甚至会永久地保持下去；或者，通常会潜伏一段时间，然后等青春期到来的时候，又重新出现。不过由于这两个时期逐步产生了潜抑作用，所以，即使在青春期也不能获得长久发展。这时的性目的已经变成了性生活中的温情蜜意，变得比较柔和。只有通过精神分析，才能了解到在诸如荣耀感、崇拜之情等这些柔情蜜意的背后，潜藏着源自于儿童时期的部分冲动。因此，对于青春期情感型的对象选择，应该尽可能盖过儿童期时所选择的性冲动对象。因为存在于儿童期的仅仅是种原始的欲望，这与青春期的情感型感情是完全

————————

① 我的看法在1923年之后开始改变，即儿童发展不仅包括以上两个阶段，还有第三个阶段，也就是性器官阶段。不过这一阶段的性对象只有一种，并且从某种程度上来讲，性冲动也是集中的，与性成熟的最终结果最大的不同在于，它只认识一种性器官，就是男生性器官。所以，基于这种情况，我们通常将这一阶段称之为"男性生殖器期体系"。在阿布拉罕的观点中，这个体系可以参考一个生物学的原型，也就是在胚胎时期，性器官还没有分化并且两性依然相同的时期。——原注

不相关的，所以那时的性生活也无法达到理想的境界，即让所有的欲望都能够归属到一个统一的个体身上。

第八节　儿童性欲的源头

在经历了不断的研究总结与探索之后，我们终于有了如下发现：1.性兴奋是对伴随其他机体过程而产生的满足的模仿；2.性兴奋源自于边缘快感区受到的刺激。3.性兴奋也是诸如窥视冲动，虐待冲动等某种冲动的外部表现，尽管我们并不清楚这些冲动到底源自何处。我们通过两个方面的研究深入了解到了性兴奋永远充满勃勃生机的原因：一方面是运用精神分析法，设法让成年人找回童年的记忆；另一方面是对孩子们做一些现场的测试。但是后一种方法是有弊端存在的，它很容易使我们被观察结果所误导，从而得出一个错误的结论。但同时，精神分析法也有不足之处，即为得到一种研究结果往往会走很多弯路。虽然这两种方法都存在着缺陷，但是综合这两种方法加以运用，会让我们对所研究的问题有更深入透彻的了解。

通过对快感部位的深入研究，我们能够清晰地发现，这些快感区域都是皮肤中最为敏感的部位。当然，整个体表都会或多或少的存在一些敏感区，所以当我们发现很多普通的感觉也与情色相关时，也就没有什么好奇怪的了。在所有感觉中，最为突出的是温度感觉，也许它能帮我们充分了解温水浴的医疗效果。

除了以上提到的几点，我们还有必要讲一下机械性兴奋的某种表现，也就是当身体做机械式规律性的抽动时会使机体变得异常兴奋。通常情况下，这种抽动主要会产生以下三种深度作用：1.对平衡性神经，即第八脑神经前的部分感觉器官的深入影响；2.对皮肤的深度刺激；3.对深层部位的刺激，如肌肉与关节之间的相互作用。通常情况下，这些作用能够激起无限的快感，同时，我不得不强调一点：我们现阶段只能笼统地将这种快感冠以"性兴奋""性满足"之类的称呼，至于它们的精确含义还有待日后的进一步研究。

孩子们都很喜欢玩一些包含着被动接受动作的游戏，比如被人抱着摇来摇去，或者让人抛在半空中等。只要他们尝试过一次，就会沉迷其中，还会不断要求再来几次，所以我们说，这种机械性的刺激确实能够带来

没有实际进行性交活动，仅是通过爱抚的行为，包括抚摩对方与被对方抚摩而达到性高潮，这种现象早就已经存在了。
★金赛

身体上的快感①。

通常情况下，正如我们所熟知的，晃动摇篮能够使哭闹的婴儿迅速入睡，而对于年龄比较大的孩子来说，马车或火车中有节奏的摇晃对他们还是很有诱惑力的，这种影响会让很多小男孩在某一时期立志长大后要成为一名驾驶员或马车夫。那个年龄段的小孩对与铁路有关的各种活动和消息都有特别浓郁的兴趣，甚至到了让人无法理解的程度。在青春期之前那个充满幻想的年纪里，他们总会以此作为生命的全部重心，并借此抒发他们对性的全部想象。而这种将坐火车旅游与性生活相结合的想象，大多源自于节奏感的影响所带来的身心愉悦。但随着年龄增长，这种潜抑作用不断增大，使无数童年的美好幻想转化成了厌恶的情愫。所以，明明还是那个喜欢火车旅行孩子，当他成为青年或成年之后，再次面对列车摇晃或旋转时，

我们的调查已用数据证明：弗洛伊德所提及的那些新生儿和婴儿的接触行为的经验，对于成年个体的性行为的发展而言，并没有起到任何作用。

★金赛

———————————

① 直至长大成人后，还有部分人始终记得，作为孩子的他们在被摇晃时所感受到的，那种流动的空气接触到性器官后所引起的一阵阵的性快感。——原注

就会感到恶心甚至会引发呕吐。火车上的漫长旅途会令他们身心疲惫，而不再是一种愉悦的享受，他们甚至会在刚一上火车时就有一种莫名的焦灼感，这种感觉被人们称之为顽固的"火车恐惧症"。

总之，他们绝不希望让那种痛苦无助的感觉再现。

这种情景的出现还印证了一个我们尚不能完全明了的事实，即这种对机械晃动的恐惧，往往会与那种深藏于内心深处歇斯底里式的创伤性心理症同时发作。关于这一点，我们可以这样假设：这些患者内心深处本就潜藏了很多性兴奋，所以很难承受哪怕一点点儿可能会转化为性兴奋的外部刺激。一旦强制性的接受这种刺激，他们的性机制就会瞬间陷入一种混乱当中。

大家都知道什么是肌肉的活动，当然孩子们也需要较为激烈的肌肉活动，而且这种需要一旦得到确实满足，他们就会感到异常的兴奋和喜悦，而这种感觉是否真的与性活动有关？这种快感是否真的涵盖着对性欲的满足？或者真的能够促使性的兴奋？

面对各种疑问，很多人都曾经以批判的眼光讨论过这个问题，甚至还有人认为那种被动接受的快感中确实包含有性的成分。然而事实是否真的是这样？有很多人曾经说过，他们人生第一次开始觉得性器官兴奋，是出现在和伙伴们打架、玩闹甚至摔跤当中。可以这样分析，在这些场合中，这些人不仅要全身肌肉高度紧张用力，并且还有与对方的肌肤进行亲密接触和摩擦，这些因素都是可能产生性兴奋的原因。对于一个孩子来说，如果他特别喜欢和另一个孩子比谁的力气大，那就说明他成年以后对待异性时，也会像他当年对待同性一样争强好胜，喜欢斗嘴，他选择的目标对象就是童年的那个玩伴。

俗话说的好，"最喜欢嘲笑你、捉弄你的人，也许恰恰是最喜欢你的人。"通过对肌肉活动的深入研究，我们从性兴奋中分析出了产生虐待倾向的根源所在。

幼儿打架往往与性兴奋息息相关，这也会对他们日后处理性冲动的方式产生深刻影响，也就是说，他们在以后解决性冲动的时候，往往也会喜欢采用一种和打架相类似的方式[①]。

通过各种现场观察和事后的深入探查，我们能够清楚地得出这样一个结论：很多强烈的情感活动，甚至惊恐万状，恐怖等情愫，都与性活动息息相关。这个发现可以帮助我们深入了解这类情感的病态特征。一般说来，学龄儿童都会对即将来临的大考心生畏惧，甚至连做习题也感到为难。当这种情绪在他们内心不断积累到无法承受的地步时，就会表现出各种异常：

---

① 通过对很多心理病例的深入分析，可以证明很多运动当中产生的快乐感都与性相关。很多现代教育家就是依据这个道理来极力引导年轻人去参与竞赛性的运动，用以转移年轻人对性的关注的。也就是说，这些年轻人用运动产生的乐趣来取代了性的乐趣，久而久之，就使性活动回归到了自体享受阶段。——原注

不仅在学校无法与别人好好相处，在性方面也会出现状况。在这段时间里，他们通常会被一种莫名的兴奋感所驱使，而情不自禁地抚摸自己的性器官，甚至还会出现类似遗精的情况，把自己搞得很难堪。孩子们的这些异常表现经常会令教师们感到很茫然，此时就应该地从孩子最初萌发性欲的方面加以认识和深入研究。正如很多人感觉到的那样，很多情愫都包含着性兴奋的因素，例如恐惧、颤抖、恐怖等，所以，这也是很多人反而很享受这种感觉的原因。不过，很多时候这些感觉的产生都必须被控制在一个安全的范畴内，我们称之为"安全的距离"，比如在读书时产生的幻想，或者在戏院里欣赏戏剧。在这种"距离"中，大部分要求痛苦感觉的想法都会受到压制。

能够想象，在上述现象中，都有一种以寻找强烈的痛苦感为归属的情色冲动，虐待与被虐待等冲动正是源自于此。而对于正常人而言，微小的痛楚才能让他们感到满足的条件，不然，就是在小说、电影中通过幻想来释放冲动。

最后一种可能产生性兴奋的活动是智力活动。当一个人冥思苦想，将所有精力都放在智力活动上，也同样能产生性兴奋。这种情形对年长者及年轻人均适用，但是多发生于年轻人群身上。而我们经常提到一个人如果用脑过度，就会表现为精神紧张，也是同样的道理。

在本章内容即将结束时，如果让我们一起来追溯下能引发

孩童性兴奋的各种原因，我们就会发现一个普遍规律，那就
是，性兴奋的过程必须通过一些动作才能够完成；当然，对于
性兴奋的性质，我们还一直不得而知。这一规则可以通过皮肤
及感觉器官对性兴奋的感受得到证明，我们将身体中最容易兴
奋，反应最快的部位称之为快感区，至于性兴奋到底有哪些来
源，则要根据刺激的性质来定。但是，根据刺激的强弱或痛苦
的程度不同，其重要性也是不相同的。

除此之外，如果体内的大多数生理活动的规模足够大，那
么同样也能附带着引起性兴奋。我们所提到的性活动中的"部
分冲动"，主要来源就是这些性兴奋的内部源头，或者也可能
是由这些内部源头及快感区域几个方面共同构成。人体所有重
要机能都可能会在性冲动的形成中起到一定的作用。

出于以下两点考虑，目前，我还不能证明自己的看法绝对
准确无误。这两点指的是：第一，我所使用的并还不是目前为
止最新的研究方法；第二，我们还未能彻底了解性兴奋的本
质。但是无论如何，我们都该在此强调一下，会在未来获得极
大发展的两个方面。

以上通过对快感区的形成作了深入讨论后，我们可以发
现，性构造的多样性可能是与生俱来的，性兴奋的间接来源也
是如此。可以这样设想，虽然各种来源可能作用于每个个体，
但是性构造的每个因素在每个人身上作用的强度却不是一样大

的。对于每个人的发展而言，都有其特殊的侧重点①。

　　如果我们抛开惯常使用的比喻，不再使用性兴奋的来源一词，我们就能得出这样的结论：所有能够从身体其他功能导向性活动的路线或通路，逆向也能走通。例如嘴部，就是两种功能同时存在着，即可以通过对食物的摄取来达到性的满足；相反，在同一个区域的性功能一旦有了障碍，也会反过来影响营养的摄取。同样，据此我们也可找到注意力集中能够造成性兴奋，而性兴奋的程度又可以反过来影响一个人注意力集中程度的原因。一般而言，心理症往往表现为其他一些不属于性的身体功能性错乱，而且很多时候我们都能从这些错乱中分析出性过程的错乱原因，由此便可看出，很多模糊的、看起来似乎不可理解的症状，其实就是控制性兴

　　在上层男性中有很多人都会觉得口刺激是十分自然且具有必要性的性活动，是做爱过程中的基本。……但是，低层男子却很有可能与数百个女性性交过却一个都没有吻过。在低层男子看来，口刺激是肮脏、猥亵的或"病从口入"。

★金赛

----

① 通过深入讨论，我们能够得出这样的结论：每个人的口腔、肛门及尿道等都能产生乐欲，而与之对应存在的心理方面的特殊性，并不是一种反常或特殊的心理问题。区分正常与反常的标准应该是看性本能各成分在发展过程中参与的强弱程度。——原注

奋产生的反面影响，没什么神秘的。

其次，性的紊乱也会深入影响身体的其他方面，它在正常人的身上还发挥着这样的作用：性动机的能量经由这一途径超出了性目的范围之外，成功地实现了性欲的升华。但是，对于这一过程，我们不得不承认，我们目前仅仅知道它在两个方向上都可以延展，其他方面仍知之甚少。

第三章
青春期的变化

我们知道，通常来说，青春期的到来会引发各种变化，因为到了这个时期一般幼儿性活动均会发生明显的变化，最后逐步变为常见的形式。

众所周知，青春期之前的性冲动大多来自于自体享乐，而到了这一个阶段，就逐步转化为寻找外部的性对象了。过去，每个局部冲动都是单独作用的，各个快感区域也是各自在其特定的性目的中寻找快乐，而到了这一时期，一个崭新的性目的出现了，即由各局部冲动所组成的整体去寻找生殖目的。生殖目的的出现，导致的结果是各个快感区都处于生殖区的统治之下[①]。这时，新的性目的在两性身上会有明显不同，性发展也就此开始产生分化。男性的性发展前后较为统一，所以更容易

_____

[①] 我已经说过，当幼儿性欲发展到"性器官阶段"时，通常会出现选择对象，从而开始接近最终的性体系了。——原注

探讨；女人则更为复杂，她们的性表现有时往往出现退化的形
式。既然正常的性生活主要由性对象及性目的两方面构成，那
么，就好像挖山洞必须从两头开始作业一样，对它们的认识也
必须从这两个方面展开。

男性的性目的主要是性产物的释放，这与以前的性目的并
不矛盾，同样，这也能带来快感。其实，整个性过程的最后阶
段，或者说最后过程都可以产生巨大的快感。此时，性冲动的
主要目的还是繁衍后代，所有的一切都是以此为目的的。也
就是说，性冲动的目的已经完全变成 "利他"（altruistic）的
了。这种改造之所以能成功，主要原因是它的过程与过去的总
倾向是相符的，与其中包含的所有 "部分冲动"在性质上也很
相似。

同其他情形一样，当新的关系与新的构成需要复杂的机制
去实现时，如果新规则建立的不够及时，就随时可能引发病态
的紊乱。也就是说，性生活中全部病态的紊乱都是因为其在发
展过程中受到抑制的结果。

第一节　生殖区的首要性及前期快感

由前文的叙述中，我们明显地看到了儿童整个性活动发展

过程的主流及其最终目的，不过，到目前为止，我们仍无法弄懂其中发生的某些转变，对我们来说，还有许多未解之谜等着我们去解答。

我们知道，在童年的潜伏期里，外生殖器的成长曾在相当长的一段时间里备受压制，而在青春期内，它的显著发育却成为了最明显也最具代表性的发展历程。这一时期，内生殖器也发育到了足以泄出性的产物或足以承受这些产物的成熟程度，新生命的形成也因此成为可能。这个极为复杂的器官曾经被闲置过一段时间，所以它总是期盼着有机会能一展身手，它可以通过刺激而引发性兴奋。通过观察，我们发现这种刺激通常源自以下三个方面：1.源自于外部世界，以我们熟知的那些性感区为途径传导给内生殖器；2.源自于内在的有机世界，其作用机制尚不明朗；3.源自于那既包含着外来印象又承受着内在刺激的精神世界。这三个方面的刺激同样都会导致"性兴奋"的产生，这种特殊的兴奋状态在精神和肉体双方面都有明显的表现，即精神上的紧张焦灼感和肉体上性器官的明显变化。种种迹象表明，这是在为发生性行为作准备，换句话说，这种兴奋状态就是性行为的准备动作（可见阳具的勃起及阴道腺液的分泌）。

性紧张

与性兴奋伴随而来的还有一种感觉，那就是性紧张。性紧张对于解释性来说是极为重要的环节，但是，迄今为止，有关这一问题，心理学界并未达成统一的共识。不过，不管怎样，我始终认为，这种紧张感是绝不会让人感到不愉快的。的确，这种感觉本身会让感到躁动不安，这当然与一般意义上的快感的性质极不相称，但是，如果我们真的把性兴奋的紧张感看作一种不愉快的感觉，却又发现，它最终还是会让人感到愉悦；这与它本身给人带来的感觉是相悖的。所以，我们可以得出结论：性紧张是与愉快感相伴随而来的。哪怕仅是在性器官的准备阶段（如阳具的勃起），就足以让人有明显的满足感。那么，这种不愉快的紧张感与这种愉快的感觉之间，到底是什么关系呢？

在现今的心理学研究中，有关快感与痛感的问题始终是个让所有人头疼的难题，而我们也只能避实就虚，尽量不触及根本。首先让我们回顾一下，那些旧的快感区是怎样来适应新秩序的。显然，它们早在性兴奋的准备阶段就已经身兼重任。例如眼睛，虽然它距离性对象最远，但却是追逐对象过程中使用频率最高的。它常常会被性对象身上发射出来的，也就是人们常说的"美"这一性质所吸引；这一性质也同时被我们称之"吸引力"。

吸引力在造成快感的同时也唤醒了还处于沉睡状态的性激动，造成性兴奋的猛增。而像手的抚摸等对其他快感区的刺激所产生的效果也与此大同小异：它们引起了快感的预备阶段上的各种变化，而各种变化又使得快感加倍；与此同时性紧张也会相应的增加。如果不能引起快感，那么性紧张就会让人感到明显的不愉快。也许这样来举例能让大家理解得更清楚：如果抚摸一个尚未达到性兴奋的快感区，比如女人的乳房，那么，这一动作在引发快感的同时也唤醒了性兴奋，并因此激发出得到更多快感的要求。这里让我们感到奇怪的是，为什么前一种快感能引发要求得到更多快感的欲望呢？

前期快感的形成机制

由上文我们可以得知，快感区所担负的使命是非常明确的：先是通过自身的激动造成一定程度的快感，同时这种快感使得紧张感成倍增加，而紧张感又必然催生出一定量的动能，以完成性行为。这种行为的最后一步是由一个快感区达到一定程度的激动之后来完成的。在这个过程中会再度出现两种快感，先是生殖区本身，即阳具的龟头在被阴道的粘膜——这对它来说最适合的对象所激动之后带来的快感，然后这一快感再通过反射产生动能，最后将性的产物射到体外，从而产生第二种快感。这最后一种快感足以让人翩然欲仙，它完全是一种经由排泄而达到的快感满足，在引发机制上决不同于其他快感，原欲的紧张感至此便全部消失了。我认为，我们应该将经由快感区的激动和源自于精液的排泄所得到的快感区分开来，为此，有必要分别为它们命名：我们把前一种快感称之为前期快感，把后一种快感称之为终极快感。

除了幅度较小，前期快感在其他方面基本类似于儿童期性冲动所供给的快感，而终极快感则是随着青春期的变化，最新才出现的。如果让我们用公式化的语言对快感区的这一新功能加以表述，那就是：人们之所以能在最后的满足里得到更大的快感，完全得益于儿童期所曾取得的前期快感形式；它们每一个都为这种新功能作出了贡献。

近来，精神生活中另一个极为不同的领域里出现的类似情形引起了我的注意，这就是：少量的快感可以引发出更大量的快感，而对这一领域的研究也让我们有机会更深入地探讨快感的性质，但是，要注意的是，前期快感与幼儿生活之间可能出现的病态关系，同样也会逐渐加强，前期快感的表达机制里的确有可能会对正常的性目的造成极大的威胁。只要它在性的预备过程中，带来的快感多于紧张感，就会出现问题。

我们由经验可知，造成这一问题的罪魁祸首是这一快感区（或"部分冲动"）早在儿童期便已带来了非比寻常的强烈快感。如果在此基础上再遇到一些能使之固置下来的因素，那么，就会导致成年后发生强迫性行为——它阻断了前期快感向终极快感的发展或前进。这也是性反常的形成机制，它们的明确表现就是：在性的整个过程的某一准备动作上停滞不前。我们说，如果能在幼儿期早早将生殖区的首要性描绘出来，就能避免因前期快感而造成的性机制功能的失常。而促成此事的最佳时期，就是8岁到青春期，即童年期的后半段。这一时期生殖区的表现已和成人没有太大差别，假如这时性感区的满足能带来某种形式的快感，那么，这里便是激动的感觉和准备性的变化发生的地方；唯一不同的一点是，它们没有确定的结局，性过程随时会中止。儿童期不仅能感受到快感的满足，还会出现一定程度的性紧张，不过这种情况并不常见。说到这里，大家就知道，为什么我们会在讨论性欲的来源时，理直气壮地声称，这个过程本身便已兼有性满足和性兴奋了。当初我们在探讨性的真相的过程中，曾经对幼儿和成年人的性生活作了过度区分，所以，在此，我们必须作出一些矫正，这就是：幼儿性欲不只表现在偏离正道的人身上，同样也会表现在在正常人身上。

第二节 关于性兴奋

至此，我们的研究还未涉及到那种伴随快感区的满足而出现的性紧张感的来源与性质。有人认为，这种紧张感其实是快感本身所产生的。这种说法是很荒谬的，因为性物质排出的最大快感不但不会产生紧张，反而会消除一切紧张。这就等于说，快感与性紧张之间只存在间接关系而并没直接关系。在正常情况下，只有性物质的释放才是中止性兴奋的唯一途径。除此以外，性紧张与性产物之间，还存在其他一些基本关系。

对于那些禁欲者来说，性活动只能通过夜间的梦境实现，而这种幻化出来的性活动同样也能释放出性物质并带来快感。每一次发泄间隔时间虽然不定，但也是可以预测的。

梦遗机制可以用以下说法加以解释：因为精液积聚而未得发泄，便造成了性紧张并以这种幻觉式的间接方式发泄出来。这一说法可由性欲能够预先消除这件事再次得到证明。如果没有精液蓄积，那么不要说性的动作，就连快感区的激动状态也会消失，即使有了适度的刺激，也不会再带来快感。这也就是说，相当程度的性紧张（或物质积聚）是带动快感区的先决条件，由此便可推导出，性物质的积聚是产生和维系性紧张的源头；这也是大多数人都会得出的结论。这些

性梦中的性反应与清醒时的性反应的主要不同点是：在睡梦中，人们从生活中学来的种种自我控制和自我禁忌都较少发挥作用。

★金赛

积聚起来的性产物会对储存器的器壁造成压力并对脊椎中枢造成刺激，这种紧张状态继续向上传递最后直达最高级的神经中枢，便产生了意识上常见的紧张感。快感区的激动只能通过如下方式来增加性的紧张：借由生理上的通道，各快感区与神经中枢区早就被连接在一起，正因如此，激动的强度随时可能被大幅提高：遇到适量的性紧张，便能引发特殊的性行为；如性紧张不足，便只会单纯造成性物质的增加。

　　上述理论几乎获得了所有人的推崇，但是，它只适合用来说明成年人的性活动，却忽略了某些特殊情况，以致存在致命的缺陷。这些特殊情况指的是儿童，女人和阉割后的男性。虽然对于这三类人来说，其快感区仍然会服从于生殖区的统治，但因为他们身上根本不存在男人特有的那种性产物的积聚情形，自然也就无法用上述理论加以解释。

　　性腺与性欲

　　由阉割后的男性可知，性兴奋在很大程度上与性物质的产生无关。因为在这些人的身上我们可以看到，他们的原欲往往能逃脱手术阉割的伤害而被保存下来。这似乎验证了C.里格尔的观点：如果男性性腺是在成年之后再被除去的，便不会对这个人的性心理产生新的影响。换句话说，就是性腺通常与性欲无关。其实，类似的情形早在我们之前对卵巢割除的研究中就曾出现过，而现在它再一次验证了我们当时得出的结论，即割除性腺并不能作为消除心理性特征的手段。当然，如果把阉割时间提到青春期之前性心理较微弱的时候，就可以达到以上目的。但在这种情况下，性心理的消失不只是性腺的丧失造成的，也是其他一些抑制其发展的因素起作用的结果。

间隙组织的化学作用

有关割除脊椎动物性腺（割去睾丸或卵巢）以及对这类性器官施行各种移植手术的动物实验，让我们看到了解决性兴奋的起源问题的希望。这些实验向我们证明了性物质积聚的重要性。有些人已经在此类实验中使动物发生了雌雄互换，同时也使它们的"心-性"行为随肉体特征一同发生了改变。

实验结果告诉我们，性腺中影响性特征的力量是源自于那些被称为"青春腺"的间隙租住，而并不是由产生精子或卵子的部位产生出来的。要不了多久，相关研究可能就会向我们证明，这种青春腺的分泌物也是两性的。这将为高等动物的双性理论提供解剖学上的支撑。当然，这些间隙组织很可能不是体内促成性兴奋及性特征显现的唯一来源，但这种新的发现非常近似于我们所熟知的甲状腺对性所起的作用。

我们相信，性腺的间隙组织能分泌出一种十分特殊的化学物质，这种物质可以通过血液传输作用于中枢神经系统某一特定部位，使之发生变化，从而引起性紧张。一般来讲，当某些误入人体的毒素发生作用时，我们也会见到与此相类似的、

"毒"性刺激只作用于某一特定部位的情形。但实际上，到目前为止，我们还不具备研究那些导向性过程的单纯毒素或生理性刺激的能力，哪怕只是从理论出发也做不到。但这并不与我的观点相悖；我只是想吸取这种假设的精髓，或者干脆说，我只是要保留性作用会受化学变化的影响这一事实，因为仅凭这一点，我们就可以对这种现象作出更新或更合理的解释。

此外，还有一件事是我必须要提到的，那就是：那些因性生活被扰乱而患病的心理症患者所表现出来的症兆，非常近似于吸毒者或其他上瘾症患者发病时的情景。尽管这一事实极少有人关注，但对研究我们所说的这种"化学理论"而言，的确十分重要，也极为有利。

第三节　原欲理论

在上一节的内容中，我们提出了性兴奋有着化学基础这一观点，无独有偶，为了理解性生活的心理表现，我们还提出的一种辅助性概念，这就是"原欲"概念。

所谓原欲指的是一种力量，它可大可小，可以被当作测定性兴奋领域内的不同过程及这些过程的变态表现的标准。我认为，依据来源和所属心理过程的不同，原欲也应该被加以区分。不论从质上还是从量上来看，不同原欲之间都有显著的区别。而我们之所以要将原欲能量从其他心理能量中分离出来的原因，是旨在建立这样一种假设：机体性活动是经由特殊的化学变化过程而获取其营养的，性部位不是性兴奋的唯一来源，全身各器官都能产生性兴奋。如此一来，我们就为自己建立起了一种原欲量子概念，我们称它在心理中的表现为"自我原欲"。这种自我原欲的产生、增加、分配和转移，能帮助我们更好地解释"心-性"现象。

然而只有当"心理能"投注于性对象上面，化为"对象原欲"时，我们才能通过精神分析法来对自我原欲的情形作出最后的解释。此时，我们或是能看到它聚集或凝固于对象上，或是能看到它离开这些对象而投向另一些对象，此时的自我原欲本身已经暂时地或部分地消失了，它已经转化为了个人性活动的状态；这也为"转移型心理症"的精神分析提供了借鉴。

至于"对象原欲"，我们在前面曾经提到，它会先从对象撤回，并在一段时间内表现为一种紧张力，直到最终收回到自我之中，再度变成自我原欲。为了有别于"对象原欲"，我们还可把自我原欲称为"自恋原欲"。

在精神分析领域，要想触及自恋原欲几乎是不可能的。我们唯一能做的就是远远眺望自恋原欲的一切活动，并且构想出自恋与自恋原欲之间的关系。

我作了这样的假设：我们可以把自恋或自恋原欲看作一个大存储仓，力量能从这里投射出去，最终又会回到这里。当我们还是孩子时，自恋原欲就开始了对自我的投资，但之后，因为原欲的不断扩散，这一现象逐渐被掩蔽积存在最低层之中。

我之所以要构想出这样一套原欲理论，并以此来解释心理症及精神病的病态状况，是因为"原欲"一词既简单明了又可以用来表达所有可见的现象以及可知的过程。显然，自恋原欲的自然（或命定）倾向在这里发挥着极其重要的作用，甚至可以被用来解释那些更深层和更严重的精神病态。然而与此同时，还有一个问题不容忽视，那就是，到目前为止，我所使用的研究方法，即精神分析法，还无法将自恋原欲从它所处的那混沌一片的能源中单独分离出来，而只能为对象原欲的"变型"提供一些比较确切的资料，所以，我现在所提出的原欲理论还得不到现实依据的支撑，而只能依靠推想。

如果有谁试图用荣格的方法来精简原欲概念，使它同精神本能的整体完全吻合，那必会使精神分析为此所付出的努力付之东流。正如我所说，性功能有着特殊的化学基础，正是基于这一点，我才会坚定地将性本能的兴奋同其他精神活动区分开来，从而使"原欲"的概念依旧保持前面所说的那种较狭窄的意义。

第四节　男女之间的分化

在分析性反应时千万不能忘记的一点是男女的外生殖器实际上是同构的和对应的。两个月大的胎儿只有胚胎式外生殖器，没办法根据这个来判断是男孩还是女孩，后来才分别发展为男性的阴茎和女性的阴蒂。

★金赛

人们普遍认为，自青春期开始，男女性特征开始出现了明显分化。不同于其他因素，这种分化的结果最终决定了今后人格的发展。而实际上，男女之间天性方面的差别在婴儿期时便已经很明显了。比如害羞、厌恶、同情等性压抑情形，出现在女童身上的时间明显早于男童，而且受阻碍的程度也较轻。尽管女童的性潜抑倾向更为明显，性的"部分冲动"也多为被动形式，然而两性之间快感区的自体享乐活动并不会因此而产生多大的差别。正因如此，我们才无法断定，在青春期前的儿童时代便已存在性的分化。

我们甚至可以这样判断：在自体享乐和自慰式的性表现方面，女童的性活动完全是男性风格的。实际上，若是对"男性的"与"女性的"这两个词的确切含义详加研究，你就会发现：只有原欲的对象才有男女之分，至于原欲本身，在所有人身上都一样，都是男性的。

男人与女人的首要快感区

这里我还要补充一点，那就是女性的主要快感区在阴蒂，与男性的阳具相类似。就我们所观察到的一切来看，所有女童的自慰行为并不会发生在外生殖器上，哪怕它们对以后的性功能发展来说是比较重要的，相反，这一切却几乎都脱离不了阴蒂。

大多数情况下，我们都想象不出女童除了阴蒂手淫之外还能被诱导着去做些什么，阴蒂部位的痉挛是女童身上偶发的性兴奋最常见的表现。通过阴蒂部位的经常勃起，女童可以无师自通地正确理解异性的性表现——只要以己度人就可以了。

要想了解一个女童是如何变成女人的，弄清引发阴蒂激动的根源是我们首先要解决的问题。我们知道，青春期是男孩原欲得到明显发展的阶段，但同时也是女童性潜抑得到进一步加强的阶段，这一点在阴蒂性活动方面表现尤为突出。与此同时，女童身上的男性特征（开始人是双性的）也在这种潜抑作用之中逐渐减少。

如上所述，青春期时，潜抑作用在男女身上发挥的作用是不一样的：对女人来说性抑制在加强，对男人来说原欲受到进一步刺激并因此而被激发出更大的能量。男性对"性"的估价随着原欲的加强而变得越来越高，而女人越是拒绝和否认自己的性欲，越能得到异性对自己的高估，由此一场男对女的追逐便拉开了帷幕。当性行为开始时，第一个激动起来的自然就是阴蒂。如同引燃硬木燃烧的松树枝一样，阴蒂会把这种激动传达到与之紧邻的女性性器官上面。不过，这种转移作用的发挥通常是需要一段时间的。在这一期间，年轻的新娘毫无感觉。如果阴蒂区一直持续这种激动的状态，那么，这种麻木的现象就会一直继续下去，而这往往是由婴儿期性活动过度所导致的。

众所周知，女性性冷感往往只是表面和局部的；即使她们的阴道不敏感，但其阴蒂和其他快感区却都会感到激动。性冷感不仅是生理因素造成的，精神上的因素也同样会发挥作用，而且，这一因素同样也会受到潜抑作用的影响。对于女人来说，一旦性感的激动从阴蒂转移到阴道上这一过程顺利完成，那么，之后性活动的首要区就会发生彻底改变；而男人的成长发育过程中却无需这种交换。女性性活动首要区的这种转换以及青春期的潜抑作用是造成女性易患心理疾病，尤其是歇斯底里症的主要根源，这些现象与女性性质是密不可分的。

第五节　寻找性对象

自青春期生殖区的首要性得到正式确立之后，男人那勃起的阳具便激烈地要指向新的性目的，即穿过那能够使其生殖区激动起来的"空洞"。此外，源自于孩童时代的寻找性对象的准备工作也于这一时期达到了心理上的成熟。

我们说，婴儿期的性满足与摄取营养的活动是合为一体的，此时的性本能所指向的性对象是母亲的乳房，而它显然是存在于婴孩体外的。之后，当小孩子意识到这一点时，性本能便失去了性对象，并由此转变成了"自体享乐"。直至这一潜抑期结束，二者的关系才被重新建立起来。也正是出于这个原因，吸乳的婴儿才会被当作一切爱恋关系的原型，而其后一切有关对象的寻找，实际上都是对这种爱恋关系的重新发现。

婴儿期的性对象

然而，即便性行为不再与摄取营养的活动结合在一起，这种最原始和最具威力的性关系也同样存在。它会一直发挥作用，促成对象的选择并重筑那失去的（与对象结合的）快乐。

儿童会在整个潜伏期内学习如何去爱那些能满足他们的要求，以及能帮助他们摆脱失望的人，而事实上，这是在延续吸吮母乳的原始性感模式。也许有人会觉得把儿童对照料者的爱恋和尊敬看作性爱的说法听上去十分刺耳，但我要说，上述事实必会随着精神分析法的进一步发展而得到证明。不管是谁来照顾孩童，他们之间的来往都会带给孩子持续的性激动以及快感区的满足；大多数时候，承担照料者角色的都是孩子的母

弗洛伊德和精神
分析学者们，对性本
身及性活动做出了自
己的定义，他们皆认
为性活动起源于新生
儿和婴儿时期。
★金赛

亲，而从母亲不断地抚摸、摇晃甚至亲吻孩子的行为中，我们又意识到母亲对幼儿的感情是源于她本身的性爱。

当然，在母亲看来，这一切的爱抚都是很纯洁的，而且，在爱抚过程中，她已经尽量避开了触碰孩子的性器官，所以，若是母亲发现她的爱抚将会激发孩子的性本能，并加强这种性本能在以后的强度，她也许就会为此自责不已。

要知道，并不是只有在生殖区受到直接刺激时才会激起性本能，那些在人们看来本与情爱无关的动作，也会在日后对生殖区的感受产生影响。我们应该明确一点，那就是如果母亲能多了解一些性本能在整个心智生活的发展（包括一切道德的和精神的成就）中所起的重要作用，也就不用在为自己的行为自责了。说到底，她所做的一切也只是在执行自己身为母亲的天职，教导孩子如何去爱。当然，每个最后成长为性欲旺盛的健康男人的孩子，在其一生之中，会因任何刺激而激起性的冲动，可是，不容忽视的是，父母的过分溺爱很可能引起孩子的性早熟，给孩子造成更大的危害。因为这些孩子从小就被娇宠惯了，所以长大之后，哪怕缺少一丁点儿的爱抚，都会让他觉得不满足，而这种不满足可能就会成为他将来变成心理症患者的最清晰的迹象。反之，与正常的父母比较，那些心理病态的父母也更容易对孩子表现出过分的宠爱，而他们的这种行为也会使小孩沾染上心理症的症状。这就等于说，那些患有心理症的父母往往会通过一种比遗传更便利的途径把他们的疾病传递给自己的孩子。

孩子的不安

在单纯天真的孩子身上，我们似乎可以看到，他们的表现就仿佛知道自己对照料者的依赖隐含着性爱的意味一样。孩子之所以会感到不安是因为他们害怕失去自己所爱的人，而这同样也是他们害怕所有陌生人的原因。很多孩子身处黑暗中会感到害怕，很多人将这一点归咎于保姆，说是她们讲的妖怪和吸血鬼的故事把孩子吓坏了，这未免高估了这些故事的影响，因为如果孩子能在黑暗中握住亲人的手，就不会再害怕了。事实上，真正能被这些故事吓到的孩子，都是那些本身有着胆小倾向的小孩，而对于其他小孩来说，这根本毫无影响。如果一个孩子承受过多的抚爱、性本能过分发展、过早发育又难以满足，就会变得十分娇弱。大人也是如此。当他们的原欲得不到满足时，便会变得不安和焦虑；反之，当成人因原欲不能满足而焦虑不安时，也会表现得像个孩子，例如，害怕一个人独处时。这就说明，他因离开所爱的人而缺乏安全感，所以在试着一种带孩子气的方式来缓解这种恐惧.

警惕乱伦

所以，我们说，双亲对儿童的"过多情爱"很可能在孩子还未达到青春期的生理状态之前就过早地将其性本能唤醒，并将这种向往通过生殖系统最终表现出来。如果儿童能幸运地躲过此劫，那么，等到长大之后，成年人具有的柔情就会告诉他该怎样去选择性对象。

很显然，对于儿童来说，童年期那具体微妙的原欲爱恋对象为他选择性对象提供了一条捷径。不过，因为性成熟向后延迟，所以他们仍有足够的时间来筑起防止乱伦的堤坝，并发展出一些能够抑制性的途径。而这一切发展的结果，就是构建于其道德中的"血亲不可通奸"禁令。通过这种方式，儿童就会在选择性对象时将童年所爱慕的人排除在外。

从严格意义上讲，这道道德堤坝的构建本是社会所确立的一种文明要求。社会始终不愿使家庭的关系过分亲密，因为这会阻碍更高级社会单位的形成。正是出于这个原因，社会中的每个人，特别是那些青春期的男孩才会想方设法疏远他和家庭之间的关系——这种原本是儿童时代所特有的、不能或缺的关系。但是，青年人最早的对象选择也存在于他们的想象中，他们全部的性生活也都局限于并不容易实现的种种纵情的幻想之中。在这些幻想里，幼儿期的种种倾向会一再显示出现，但不同的是，其中已经掺杂了肉欲的成分。其中最重要的就是对父母亲的性冲动——他们已经开始按照自己的性别的不同而分别受到母亲或父亲的吸引了。换句话说，就是儿子总喜爱母亲，而女儿则与父亲亲近。在青春期，对这种明显的乱伦幻想的克服和放弃是一段最重要也最痛苦的精神历程，而随着这一阶段的完成，孩子就脱离了父母的管制。这一历程对于文明的发展来说意义重大，因为这一事件的出现标志两代人之间对立的形成。当然，在人类必经的每一个发展阶段上，并不是所有人都能一往直前。同样，在青春期，也并不是所有人都能摆脱父母的管制，他们或是不情愿地撤消这些不安全的情爱，或是根本无法撤回。 在这方面，女孩表现得尤更为明显：很多女孩在青春期后，仍对父母保留着全部幼儿式的爱，这往往会让父母极为欣慰。可是，这样的女孩在结婚后却往往并不能尽到作妻子的本分，这一点却格外发人深省。她们往往对丈夫很冷酷，在房事上的态度也是可有可无，并不在意。由此可见，性爱与对父母的纯净之爱源于一处，只不过后者只是幼儿期原欲的固置罢了。随着我们对病态的"心-性"发展观察得日趋深入，我们会越发认识到乱伦式的对象选择的重要性。这种性"放弃"使得心理症患者用来"寻找对象"的大部分甚至是全部

⬛ 有些精神分析学家曾宣称，他们还没有见过不存在乱伦关系的病人。但是，我们的调查以及任何其他大规模调查中都没有发现有这种情况发生。

★金赛

"心-性"活动都被封锁在潜意识中，正因如此，那些既过分渴求情爱，又恐惧性生活的真正需求物的女孩子，才会在其性生活中实现其所谓的"非性爱理念"，或是用一种不会让自己内疚的情爱，即附着于幼儿期的爱恋将自己的原欲隐隐藏起来。这种对父母或对兄弟姐妹的爱恋，大都会在青春期时复萌。由精神分析法我们可以得知，事实上这种人就是在同自己的血亲恋爱。之所以这样说，是因为精神分析法已经透过这种症状和这些症状的其他一些表现，对他们潜意识中的思想作了澄清，并最终完成了潜意识到意识的转化。而一个健康的人会因为失恋而致病，同样也是他的原欲退回到了自己幼儿期所依恋的对象上所导致的。

幼儿对象选择的后续影响

就算一个人能侥幸不被原欲固置到乱伦方面的倾向所扰，也必然会受到它的影响，所以，我们才会时常看到，一个年轻男人的初恋对象往往是一个成熟的女人，而一个女孩常会爱上一个有权有势的老人，这显然是我们刚才所讨论的那一阶段发展历程的回音。实际上，他们所爱的这些人身上都带着他们的母亲或父亲的活生生的身影，虽然有时表现得不是特别明显，但每当他们选择对象时，几乎都会以此为原型。男人寻找的目标对象是能替代其母亲形象的女人，因为这个形象自儿时起便一直占据着他的心灵。而若是他的母亲仍然健在，就可能会对自己儿子找来的这个替代她的人十分不满，更有甚者还会心生敌意。因为幼童与父母之间的这种关系在他后来选择性对象时发挥着至关重要的作用，所以任何一种对这种关系的干扰（或损害），都将严重影响他成年时的性生活。就连情人的嫉妒心理，也能从其幼年的情况中看到端倪，或者至少会受到幼年经验的强化。如果父母经常吵架，或是婚姻不幸福，他们的儿子便很有可能在性的发展中发生错乱，甚至出现心理问题。在幼儿的心中，对父母的情爱占据着最重要的地位，这种感情会在青春期时复萌，指导着他们对性对象进行选择。当然，这并不是影响性选择

不同社会阶层之间存在的某些最根本的区别与界限，在青春期之前乃至三四岁时便已经向儿童进行了灌输并已经为他们所感知了。父母、成人、小伙伴都在向一个三四岁的儿童传导着现今社会所持有的性态度。

★金赛

的唯一力量。除此之外，还有一些源自于童
年的经验会成为伴随孩子一生的素质，种种
因素综合作用导致他的性的发展不只指向一
个方向，而影响其性对象选择的原因也是错
综复杂的。

性颠倒的预防

在性对象选择中，最关键的就是它必然
要指向异性，但是，这一点并不是那么容易
就能做到的。青春期后的初次冲动有可能
会迷失方向，但是一般来说，这种迷失都
不会造成太严重的后果。在1894年时，德
索（Desoir）就曾指出，青春期的男孩和女
孩，常常会与同性结成感伤的伴侣。而显
然，异性性特征间的相互吸引力是最能抵制
这种性对象的永久颠倒的。虽然在这里，我
无意详尽阐述这一点，但我必须提醒大家，
这种吸引力并不是消除性颠倒的制胜法宝，
除此之外，还有很多别的因素也能发挥作
用，其中最主要的就是社会性的权威禁忌。
之所以这样说，是因为我们可以看到，越是
在那些不把性颠倒视为违法的地方，就会有

> ◢ 青春期早或晚对
> 同性性行为产生的作
> 用要远比弗洛伊德哲
> 学中的俄狄浦斯情结
> （恋母情结）重要得
> 多。
> ★金赛

越多的人表现出这种倾向。

此外，因为男人在幼儿时期受到其母亲或其他女性照顾时的情爱，总会出现于日后生活的记忆中，所以，这股极强大的力量也会引导他们去接近女人。而因为父亲总是在他早年进行性活动时充当阻拦者的角色，所以他与父亲之间就形成了一种竞争关系，这使得他们更容易远离同性。女孩亦然。因为在她们的性活动中母亲充当了监视者的角色，所以会对同性产生敌对情绪，这有利于她们在日后的性对象的选择上走上正常的方向. 对于那些受男人教育的男孩（在古代，老师总是由奴隶充当），似乎更容易导致同性恋. 在今天，那些出身贵族名门的男人最多出现性颠倒，其原因也只能归结于他们多使用男仆以及母亲对儿子的疏远. 我们在某些歇斯底里患者中发现，那些因为父母离婚、分居或者过早死亡而失去父母一方的孩子，其全部爱情皆被剩下的一个所吸收，因此决定了这孩子在日后选择性对象时所期望的性别，最终导致了永久性的性颠倒。

第六节　概要

现在，是时候来对上面的论述进行总结了。我们从性本能的对象和目的方面的变态现象着手，探究了这些现象究竟是源自于先天倾向，还是后天的经验造成的。通过运用精神分析法，我们很快地就弄清了那些还未偏离正常状态太远且数目众多的心理症患者的性本能状态，并为上述问题找到了答案。我们在这些人的潜意识中找到了所有种类的性反常倾向，而它们在心理症症状的形成过程中起到了重要作用。所以，我们说，心理症其实是性反常的另一种表现，或者说是一种负面现象。我们因性反常现象的广泛存在而推导得出，性反常是人类性本能中最基本以及最普遍的癖性。在成熟的过程中，性行为要经过机体的变化和精神的压制才能得到正常的发展。也正是出于这个原因，我们才希望能够看到这一基本癖性在幼儿身上便已存在。

在前文中我们已经指出，羞耻感、厌恶、怜悯、社会所建立起的道德规范以及各种权威力量等，都将起到限制性本能发展方向作用。而我们也可因此将一切脱离常态的性变异看作是整个性发展的中断和幼稚病。虽然性反常的表现各有不同，但它们同真实

社会的赞成或反对态度会对儿童产生极大的影响作用。只需要一次嘲笑、一次责斥或一次打屁股，就会使儿童对某些他初次出现的行为产生困惑，而后便不会这样去做了。

★金赛

生活的影响力之间并不是对立关系，相反，二者是相辅相成的。此外，我们说性反常并不单纯，所以，性本能自然也就应被看作是多种因素的集合。只不过，在性反常现象中，这些因素却独立出来，各自为营。由此，我们可以既把性反常看作是正常发展的中断，又把它看作是正常本能的土崩瓦解。如果要我们对此作个总结，那就是，成年人的性本能源自于幼儿期的多种冲动，这多种冲动组织合并起来以后，又指向了一个单一的目的。

在找到了为什么在心理症患者中性反常倾向占据优势的原因之后，我们又向大家证明，若是这种倾向的主流被"潜意识作用"阻止，就会走上歧路而形成病态症状。为此，我们还对儿童时代的性生活进行了研究。我们还发现，人们认为总是错误的将这一时期的性表现看作是不正常或不常见的，且大多对幼儿性本能的存在持否定态度。由研究可以得知，这种看法与事实完全不符。幼儿性活动的根基是天生的，其实，早在摄取营养的时候，他们便已享受了性的满足，之后，又常常通过吸吮手指等活动重复体验这种满足的体验。不过，从表面看来，幼儿的性活动与其他身体功能的发展并未同步，而是在经过了2~5岁的繁盛期之后，又进入了所谓的潜伏期。在此期间，性兴奋虽不曾中断，能量也在持续积聚，但却是为达到性以外的目的服务的：它在为性的成分套上社会性情感盔甲的同时，又

通过潜抑作用和反向作用建筑起了一座堤坝以便日后用来防阻
性欲。总之，早在幼儿时期，那种把性本能限定于某一特定方
向的力量就已经具备了基础，此后，它又借助于教育，让我们
舍弃了反常的性冲动。不过，在幼儿期，很多性冲动可能会逃
过这种力量的控制而表现出来。我们还发现，在导致幼儿的性
兴奋的多种来源中，最多的也是极重要的来源，是从快感区的
适当兴奋中得到的满足。我们曾经说过，我们的任何一寸皮
肤、任何一个感觉器官，都有成为快感区的可能；区别只是
在于有些快感区更敏感，稍受刺激便会借助某种机制而兴奋起
来。其实，性兴奋只是机体活动发展到一定程度时所产生的副
产品，特别是那些伴有强烈感情因素——不管是让人感到开心
还是痛苦的机体活动，会更容易引起这种性的兴奋。幼儿时代
的性本能显然未与性对象结合在一起，所以，可以认为这一时
期的性兴奋是以自体享乐为主要特征的。显然，生殖区快感早
在童年时代就已初现端倪：或是同其他快感区一样，在适当的
感性刺激之下便获得满足；或是以一种我们未知的方式，从其
他一些来源中获得满足。

　　到目前为止，我尚无法合理解释性满足与性刺激之间、生
殖区与性欲的其他来源之间的关系，对此，我也深感遗憾。通
过对心理症的研究，我们发现，早在儿童性生活的起始阶段，
性本能的各成分便已经开始聚合。起初，主角是口唇快感；之

后，第二个性器官前期的聚合主要表现为肛门快感与虐待癖的出现；直至第三期——性生活最终定型，真正的生殖区才会参与其中。在了解了这一情况之后，我们接下来意识到，其实，早在2～5岁的幼儿期性生活中，就已开始了性对象的选择；这一现象令人十分惊讶，而且，我们还看到，这一选择活动几乎囊括了幼儿所有的心智活动。正因如此，我们才会在明了这一阶段各种不同的本能成分尚未汇聚，性目的也不确切的情况下，仍将这一时期性活动的发展视为以后形成的确切的性体系的基础。

我们应该更加重视人类的性发展被潜伏期分离为两个阶段这件事。因为在我看来，它既对人类文明的发展至关重要，同时也可能会带来某些心理症倾向。而据以往的研究可知，这种现象在人类的动物近亲身上却并不存在。我猜想，这种独属于人类的特性很可能起始于人种刚刚出现的史前期。到底幼儿的性活动有多少是未超出正常范围，不会危及其未来发展的？到目前为止，我们尚无法给出准确答案。幼儿的性表现大多是自慰性质的。许多经验已经证明，各种外在的影响和引诱都可能导致潜伏期的中断或停止，以致儿童出现各种性反常表现。而所有与此相类似的早熟的性活动，都会减低儿童的可教育性。

尽管我们对幼儿期性生活的认识并不深刻，但仍不能放弃探讨青春期来临时所带来的各种变异。我认为，这一时期有两

件事在发挥着至关重要的作用：一是所有性兴奋的其他来源都
开始服从于首要的生殖区；二是寻找性对象的历程正式开始。
而在幼儿时期，这两件事在幼儿时代还都处于萌芽状态，性兴
奋也只是经过"前期快感"机制而得以完成的。换句话说，就
是之前只存在于自体之内的性的兴奋和满足，现在却变成了一
种为达到新的性目的（性产物排出）的预备性动作，这个新的
性目的的形成，在带来无比的快感的同时也使得性的兴奋消失
不见。

接下来，我们又探讨了性欲中男性与女性的分化，并发
现，对于女孩来说，要想真正成为一个女人，就要经由青春期
时的潜抑作用，抛弃幼儿的男性性特征，以突出其首要的生殖
区。而幼儿对他的父母或照顾者的爱恋，这种潜伏在童年期，
复萌于青春期的力量则对性对象的选择起着决定作用。不过，
他们往往并不会真的选择自己的父母或是照顾者作为自己的性
对象，而是会找和他们相似的外人，这得益于防止乱伦的堤防
早已建立起来。

最后，我们还要指出，青春期内肉体与精神两个方面的发
展并不是并行的，直到强烈的情欲冲动震撼了生殖器的神经系
统，情欲功能才会实现身心合一，达到了正常状态。

干扰性正常发展的因素

在性发展的漫长历程中，随时都可能受到阻止或固置。正

如我们多次指出的那样，诸种力量汇合时但凡出现一丁点儿失败，都可能使性本能瓦解。所以，现在我们要对会对性发展产生干扰的诸多因素分别加以评判，弄清楚它们到底是怎样造成了这种伤害的。

以下，我们为大家列举出了一些会干扰性正常发展的因素，尽管它们并不是都同等重要，但要对它们逐一进行评判，也是需要勇气的。

（一）体质和遗传

最先浮现在我们脑海中的必定是"先天性"的变态性体质这一因素。尽管我们应该多关注这一因素，但实际上想彻底了解它并不是件容易的事，我们只能通过患者日后的表现去对它进行推测。一般来讲，这种变态很可能是某种性兴奋的来源被特别强化造成的，然而，即使是正常人，也可能发生这种癖性强弱不均的情况。由此我们再次推导这种异常的性生活很可能是由一种完全不受其他因素影响的因素直接导致的。我们可以将这种生活称为"变质性"的，而这种"变质

> 弄清楚儿童是如何学会穿衣、吃饭、说话，这相对来讲要容易得多，而要想弄清性成长过程就难上加难了。
>
> ★金赛

性"来自于遗传，对此我深有体会。在我用精神分析法治疗过
的患严重歇斯底里症和强迫性心理症的患者之中，有50%以上
的病人的父亲在婚前得过梅毒，有些还得过脊髓痨或全身麻痹
症，有些则从其病历上查到以前患过梅毒。这里，我要强调的
是，对于那些后来患上心理症的儿童来说，他们遗传的不是梅
毒的症兆，而是变异的体质。尽管我并不认为父母患梅毒是导
致子女心理症体质的决定性因素，但这层关系显然也绝不是偶
然的或是不重要的。

　　因为患者的有意隐瞒，所以我们很少能了解到性反常的遗
传情形。但这并不能阻止我们把心理症方面的情形应用到性反
常现象上面，因为我们发现，心理症患者与性反常患者往往来
自于同一个家庭，而这种病症在两性之间的分布上，也很有
趣：假如一个家庭有男人患了"正面的"性反常症，那么，这
个家庭中的必会因其与生俱来的女性潜抑倾向的作用，而成为
"负面的"性反常者，也就是我们常说的即歇斯底里症患者。
由此可以判定，这两种病症之中存在着一种必然的联系。

　　（二）后天的影响

　　当然，我也同样无法苟同构成性生活的各种体质因素一旦
形成，便立刻决定了性生活的式样这样的说法。我认为，即使
在这样的前提下，各种制约"性"的力量仍会构成性欲的一个
支流，其力量大小，都会产生直接的影响。一般情况下，那些

大体相似的体质会因以下三种后天的影响而产生差异极大的结果。

1.潜抑作用

潜抑作用会使过于强大的先天性倾向受到钳制，并产生与之前截然不同的结果：此时，尽管性兴奋依然能够出现，但因为它们已在精神上受到极大阻碍，所以只能走上歧路，表现为一种病态。当然，这种人的性生活也可能是很正常的，但心理上却是不正常的。经由精神分析法对这种心理症的分析，我们现在对这种病症已不再陌生。这种人的性生活在开始时极其近似于性反常患者，他们中的大多数人在幼儿阶段就已经有了性反常行为，有的还将这种性反常行为持续到成年之后。此时，潜抑作用开始出现并阻止了性行为，于是，性反常状态消失了，心理症却出现了，当然，一同存在的还有性冲动。总之，性反常是可为心理症所取代的，而我们也可由此意识到，就像我们之前说的，性反常和心理症患者可以同时出现在一个家庭，呈现在的不同性别的家庭成员身上，心理症其实就是性反常的反面表现。

2.升华作用

升华作用是先天病态倾向发展中受到的另二种影响。它能为性欲的过强激动找到一个出口，以致原本并不安全的倾向，转变为一种能够大大提升精神工作效率的因素。这常常就是艺关于低频率现象，有一种著名的理论，叫做"性欲升华"，即把性能量转化既而释放于文学、艺术、科学或其他社会所赞赏的各个领域中去。

★金赛

术创作的源泉。根据我们对对升华作用的各种解析，和对那些有着高超艺术天赋气质的人物性格所作的的探讨，我们发现，这种人的性格往往是由高效率、性反常和心理症三个方面按不同比例混杂而成的。此外，还有一种升华作用表现为反向作用造成的压抑。这种压抑会出现在幼儿潜伏期中，如果发展顺利，甚至可以伴随终生。我们常常会谈到人的"性格"，其实，在构成"性格"的诸多要素中，性方面的东西占据了很大的成分，此外，自幼儿时代便已固置的本能冲动在升华作用影响下而得到的结果，还有其他一些用以有效地防止无用的反常性冲动的装置也必不可少。幼儿期的种种奇特的性反常因素可以通过反作用，刺激德性的成长，所以往往会成为造就我们性格的某种重要来源。

3.性欲的释放

如果异常的先天倾向在发展中仍能保持不变，那它就应该随着青春期的到来而越发强大，并导致反常的性生活。迄今为止，人们仍无法对异常的先天倾向作出透彻的分析，不过还是可以找到一些实例来证实上述说法的。许多这方面的专家认为，这种性反常的固置必须以天生就较弱性本能为基础，在我看来，这种说法过于极端，我显然无法苟同，但我们可以换一个更明晰的说法，即这种性反常是以先天的生殖区脆弱为前提的。因为这种脆弱，生殖区无法再将其他性活动置于自己的统治之下，以致它们各自为政，无法再以生殖为目的，或者干脆这样说，因为生殖区的软弱，青春期内的各要素无法再聚合起来，以至于生殖区被性欲中其他一些较强的部分所取代，由此便出现了性的反常现象。

4.偶然性的因素

潜抑作用、升华作用和性欲的释放，这三种后天因素在性发育的过程中所造成的影响是所有其他因素所望成莫及的。至于导致潜抑作用、升华作用的内在原因，目前为止，我们尚未知晓。也许，有些人认为，我们也可以把这两种机制当作先天素质的一部分，或者说，是先天素质在生活中的表现。由此，就会顺理成章的得出"性生活的最终形态是先天体质自然发展的结果"这一结论。但是，很显然，我们无法忽略个人在儿童期和成年期内所经历的某些偶然事件，它们也必定也会对性的发展产生一定的影响。至于说先天体质因素与后天偶然因素哪个在性发展中占的比重大，现在还无法得知。如果从理论出

发，也许会偏向前者，但医疗实践却一再提醒我们，后者才是
更重要的。不管怎样，我们都不能忘记，这二者之间并不互相
排斥，而是相辅相成的：后天偶发因素以先天体质为出现的基
础，先天体质因素只有借助具体经验的刺激才能表现出来。很
多时候，我们都能看到二者在此消彼长地互补着发生作用。当
然，有时也会出现一些极端的例子，即似乎只有一种因素在起
作用，但是，如果你比较重视因童年期的早期经验所造成的偶
发因素，那么，同样可以运用精神分析法将单一的病因体系划
分素质的和确定的两种因素。其中，前者是天性和偶发经验聚
合成的一种素质；后者则完全是日后的创伤经验，这些经验很
可能使人受到退化作用的影响进而回复到较早期的发展上去。

现在，让我们继续原来的讨论，来列举一下那些能影响性
发展的因素。这些因素中有些本身就是一种作用力，有些则只
是这种力量的表现。

（三）性早熟与时间因素

性早熟是对性发展影响最明显的一种因素。不过，尽管性
早熟是导致心理症的病因之一，但它并不是最根本的原因。

早熟通常表现为幼儿潜伏期的中断、缩短和中止，而此时
的性表现要么是反常的，要么是错乱的。这既是性抑制不完
全，也是生殖系统发育不全造成的结果。这种错乱的倾向也许
会一直持续下去，也许已经在潜抑作用的影响下变成了心理症

症状的动因，但不管怎样，性早熟总会使得高级的心智能力在日后更难控制性本能。此外，它还增加了性本能冲动在精神上的表现。

我们常常会看到性早熟同其他智能方面的早熟相伴出现，这一点，在一些能力强、智商高、声名显赫者的幼年时期就能觅到踪迹。当然，此时它已不再像单独出现时那样具有致病的危险了。

同性早熟一样，其他一些因素与发生时间的早晚也有莫大的关联。各种本能冲动开始出现的时间顺序似乎早在物种发生史中就已经被预设好了：从它们的出现直到被新的本能冲动代替，或是被某种强大的潜抑作用而抑制，所用时间的长短，都是固定的。但是，在时间顺序和长短方面也存在变态现象，而这种变态往往决定着最终的结果。这种顺序极其重要，之所以这样说是因为潜抑作用的效果不可以逆行，所以一旦时序发生变化，就会导致出现意想不到的结果。还有，那些极为强烈的本能冲动，往往持续的时间非常短暂，比如那些在后来表现为同性恋的人，起初在与异性关系中的冲动却表现得相当强烈，而那些曾在童年期沸腾不息的情感也不一定会一直持续到成年之后，它们要么会消失，要么会被相反的倾向所取代。

因对时间顺序的研究会涉及生物学甚至历史学的知识，所以迄今为止，我们还无法对此进行深入探讨，这个问题只有留待后人再去研究了。

（四）早期印象的持久性

毋庸置疑，"性"的种种早期表现对于人的发展中有着极其重要的作用，但对于决定这一切的某种精神因素，我们目前的研究还只停留在将它假设为是一种心理观念的阶段。我们应该注意到，凡是后来变成心理症患者或性变态的人，都对早期性印象有着持久的或敏感的反应，而普通人却不会对此有什么深刻的印象，因此，也就不会在不经意间重复它，更不会让性本能肆无忌惮，横行终生。这种早期经验之所以能持久存在很可能是由造成心理症的一个精神因素导致的，这就是对过去记忆的幻影，在病人心中，这些幻影将最近的印象全部覆盖住了。事实已向我们强有力地证明，这个因素来自于心智教育，且受教育程度越高影响越深，反之亦然。这是因为文明与性的发展之间是成反比存在的，儿童的性生活过程对于低级的社会文化形态和高度发展的社会而言，其重要性有着云泥之别。

对社会上层人士来讲，所有有关乎于性的社会行为都被看作是道德问题，而道德这个概念又被视作为性道德的同义语。在这个阶层中的很多人都会相信：违反性道德的行为是一切不道德行为中最为恶劣的一种。

★金赛

（五）固置作用

上述精神因素和某些突发经验的刺激混合在一起，就为幼儿性欲的发展铺设好了温床。后者常常在前者的帮助下被固置下来，成为永久的性奇异。很多性生活的变态现象以及心理症中出现的那些对正常性生活的偏离，大都源自于幼儿的早期印象；尽管在很多人看来，这一时期并不存在性欲。

是什么导致了这种症状的出现？我们说，体质、性早熟、早期印象的持续以及性本能因受外界影响而受的刺激都能直接造成这种现象。最后，我必须指出，因为我们对构成性欲本质的生物学历程一无所知，无法形成一套能涵盖常态和病态情结的理论，所以我们对于性生活的探讨仍存在很多不尽如人意之处。

第二部分　爱情心理学

第一章

男人对象选择的一种特殊类型

"恋爱"的条件是什么？换句话说，人们到底是根据什么来选择自己喜欢的对象的？当一个人在在现实生活中找不到自己心目中的完美对象时，他又是怎样通过幻想来满足自己的需求的呢？从古至今，浪漫的诗人和充满想象力的作家们一直在描述和研究这一问题。从这方面来说，文学家确实很适合做这种事情：他们知觉敏锐，能够深入探查他人的潜在生活情感，并对其做出清晰的透视，而且他们也有很大的勇气去揭示心灵深处的一切。但是，如果从探索真理的角度去衡量，他们的作品的价值又不免会大打折扣。原因是很多文学家会受到各种条件的限制：他们一方面要不影响到读者的情绪，另一方面又要引起大家在理智上和审美中的一种快感。因此，他们在交流时就无法做到有话直说，而只能抛弃部分真相，代之以别的东西，从而有效地避免各种无关紧要的因素的干扰，保证整体的完整性。这是文学家独享的特权，也就是"诗的破格"。

虽然很多文学家对生命极尽溢美之词，但他们却不太关注心理起源、发生与发展等。为此，我们必须从科学的角度出发，对几千年来，让诗人们赞叹不已同时也能给人们带来快乐的那些材料反复加以研究并进行深入探讨。当然，很多时候，我们会力不从心，也未必能得到令人满意的结果，但这种不愉快恰好从反面证明了一点，那就是我们对两性的爱情研究或其他事情的研究不是什么艺术手法，而是完全合情合理的。越是研究，我们就将越发深切地体会到，人心对于背离"快乐原则"的接受度到底有多高。

举例来说，精神分析家常常能进入患者的情欲世界进行研究，且大都对此印象深刻。他们中的很多人还听说过，那些高智商的健康人也同那些病人一样经历过同样的内心痛苦。如果他足够幸运，就能够观察并收集到很多材料，并且能够得到更为明确的印象，那么，这些足以支撑他将人们的恋爱方式进行分类。

男人对性爱对象的选择也是多种多样的，这里，我们先讨论其中的一种；这种人的"爱情"是如此的不同寻常，以至于身边的人都对此感到迷惑不解。不过，精神分析法却能为此找到明确的解释。

一、这种类型的人在选择爱情时有一个必要条件，那就是不论何时，他们的选择对象都必须满足"受到迫害的第三者情结"这一条件，换句话说，那就是，这类人只会爱上那些已经被别的男人爱过或占有过的女人，并不在乎她们是否有或是有过丈夫、未婚夫或情夫。他们绝不会爱上少女或寡妇等没有归属的女孩，甚至有时还很鄙视她们，这种态度一直持续到这些女孩和别的男人产生关系时才会改变。

二、第二种条件虽然不常见，但是也很显著。有时它会与第一种条件一起组成我们所说的这种类型，有时，只由第一个条件便可组成。

第二种条件是：在他们眼中，那些纯真的女孩不具备任何魅力，他们只喜欢那些生活不检点，贞操有问题的女人。这种特征本身也有很大差别，一个香艳的有夫之妇，一个情夫众多的女人，或是妓女，对他们来说都很有吸引力，换句话说他们只爱放荡的女人。

人们一直都认为，妓女都是为单身男性而准备的，在婚男子多次或长期嫖妓，至少被认为是不必要和不可理解的。

★金赛

　　总之，这种人的爱情总是离不开这两个条件：第一个条件可以让他为了自己所爱的人去与另一个男人争斗，借此满足自己的敌对情感；第二个条件是因为这个女人的放荡能激起一种嫉妒情绪。对这个男人而言，只有这种嫉妒能让他热血沸腾，而这种嫉妒心里越是强烈，那个女人在他心中地位就越高，甚至达到一种高不可攀的位置。

　　他们总是时刻注意女方的行为，甚至一点点儿小事也能让他妒火中烧。但是，令人费解的是，他从不会嫉妒这个女人的合法占有者，比如她的丈夫，他的嫉妒对象一直都是她的新欢，甚至是任何一个可疑的陌生人。他在很多时候其实并不想单独占有她，而是很满足于一种三角关系。我就曾经遇到过这样一个病人，他就经常因为情妇的放荡偷情而终日郁郁寡欢，然而，后来他听说女方要结婚了，不但没有反对，反而大力支持。在其后很长一段时间里，他甚至一点儿也不嫉妒那个丈夫。还有一个典型的例子：男方本来十分嫉妒初恋对象的丈夫，一直强烈要求女方与其丈夫离婚，可后来却逐渐改变了想法，甚至能像对待普通男子那样对待情妇的丈夫了。

　　以上我们所描述的是哪种女人才会成为这种异常类型男人喜欢的对象。接下来我们要来看一下，这种男人是如何对待自己的爱人的。总的来说，有以下两种情况。

　　一、不同于一般人对贞洁的女人的敬重，对放荡的女人的蔑视，这些人往往会对那些轻浮的女人爱得发狂，这种爱情能令他们神魂颠倒，无法自拔。他们总是认为，只有那样的女人才是这个世界上唯一值得爱的女人，但一旦爱上之后，他们又会要求她们完全忠于自己。这样的爱情注定会带来折磨。当然，正如我们所知，不论哪种热恋的行为，或多或少都会带有强迫的性质. 但是这种男人的强迫症程度还要更深一层，当他们爱上了一个自己不该爱上的女人时，他们往往在这种强迫冲动的驱使下，表现得更加无法阻止。他们爱得热烈而专注，而他们的一生会出现很多次这样的机会。这种事会不断出现在他们的生活中，而且几乎每次都是上一次的翻版。伴随着这个人生活条件的改变，比如说迁居或改行，他们的情妇人选也会随之改变，到最后，他们这种经验会越积累越多。

二、我们会在这种人的性格中看到他们渴望拯救对方的欲望，这很让人吃惊。他们深信对方是需要他的，甚至认为如果没有自己的帮助，她们一定会行差踏错，下场凄惨。所以，他就会在无形中充当对方保护人的角色，而保护对方的方式，就是好好管住她，不让她出去见人。

我们说，如果一个女人真的因为放荡习惯了，没有人愿意相信她，或是确实无依无靠，生活窘迫，那么这种保护的冲动还是情有可原的。但事实是，就算没有上述情况出现，他的这种保护欲望仍然非常强烈。我就曾经接触过这样一种人，他们平时对女人体贴照顾，极尽温柔之能事，一旦得到一个女子，就会想法设法让她对自己保持忠诚。

现在，让我们现在来总结一下这种人的各种特征：首先，他们选为对象的这个女人必须是属于别的男人的；而且她们必须是轻浮和放荡的，并且他也需要这种轻浮和放荡，因为这能够激起他强烈的嫉妒心，而且每次这种嫉妒心都会深入骨髓。他虽然言之凿凿，但每次都不能保持长久；他们总是喜欢对另一半表现出强烈的保护欲等。若是想从这种表现中分析出一种单一的原因，乍听上去不容易，实际上并非不可行。因为，精神分析法会帮我们找到满意的答案。如果对这些人的性生活进行深入分析，我们就会发现，这些男人在选择对象的时候，往往会选择对象的条件和一种奇特的爱恋方式，而这一切的根源与常人无异，即幼儿时代对自己母亲的那种爱慕之情的固置。

这种固置可能表现为各种形式，这里我们提到的只是其中的一种。正常人对对象的选择总是保留着一种"母体原型"的痕迹，比如年轻人对成熟女人的一种爱慕之情，但是他们这时的原始欲望中，希望脱离母亲的冲动还是很明显的。而这种类型的人就完全不同，他们的原始冲动在母亲的身上投入了太长时间，所以，即使超过了青春期，母亲的特征也会永远地影响着他们对爱人的选择，这一点从自己的爱人与母亲之间的相似程度上就能找到端倪。所以，我们可以针对这种现象打一个非常有意思的比方：如果婴儿能够顺利地出生，那么他们的头通常是又大又圆的；如果孩子在出生的时候难产，导致生产时间过长，那么他们头部的形状就像是从母亲的骨盆中雕塑出来的。

当然，仅就此判定这些人的爱情基础和爱恋方式都是源自于情节还不够，我们还必须拿出一些合理的证来据。第一个条件是最容易论证的，即"所爱的女人必须属于别的男人"，或者说"不能缺少被伤害的第三者"。基于这一点，我们能够立刻联想到，如果一个男孩子是在家庭环境中长大的，那么，在他看来，母亲就是父亲的附属，那才是母亲的根本性质。这类人在恋爱中所表现出的那种专一性，说明他的爱人在他心中的地位是至高无上，无可取代的，就像小男孩的观点一样。在小男孩心中，只有一个母亲，他特别渴望和母亲亲近，任何人也取代不了。

如果这种人真的把自己爱恋的对象视作母亲的替身，那么，我们又该如何解释，他貌似对一个一个女人忠贞不渝，但事实上，在他的一生中却可能会不断地变换恋人这一现象呢？这难道不是互相矛盾的吗？

我们说，在其他方面的精神分析中，我们能够发现一个颠扑不破的规律：如果人的潜意识一直对某种东西狂热的爱恋着，认为那种东西在他心中无法被取代，那么就会表现为一种

永不停歇的追逐过程。因为，替身永远不能
与真身相比，也永远无法让他满足。比如，
小孩到了一定年龄后就会变得好奇心特别
重，这种现象该做何解释？事实上，他们只
是想问那个他们最为关心的话题，只是不知
该如何说出口。同理，那些整天喋喋不休的
精神病人，也是因为内心一直隐藏着某种
秘密的压力，特别想说个痛快，但是却无法
开口。

　　谈到爱情的第二个条件，也就是比较偏
爱那些具有淫荡性格的对象。这点好像和母
亲的印象完全不吻合，甚至是完全相悖的，
因为二者之间好像根本不可能有因果关系。
在成年男子心中，母亲贞洁神圣，如果听到
别人攻击自己母亲的品行，哪怕是稍有微
词，都会让他备感耻辱。如果自己也胡乱猜
测，就会更加痛苦。显然，母亲和"妓女"
是一种鲜明的对比，引发了两种情节，即恋
母情结与偏好淫荡女人的情结，我们将会对
这两种情节做深入研究，探索二者是否在潜
意识上存在某种联系。

　　🖐 在我们的调查中
发现，一些西班牙男
性和欧洲其他国家的
男性，因为他们对妻
子有着一种和他们敬
畏自己母亲、姐妹和
所有未婚的"体面"
姑娘一样的敬畏，所
以根本没办法和自己
的妻子进行性交合。
结果，一些生长在这
种文化中的男性，即
使在结婚之后，仍然
继续和妓女或者女仆
进行性交合，独独不
理自己的妻子。
　　★金赛

一直以来我们就发现，两种在意识中互不相容的东西，也许在潜意识中恰恰属于一体。由此，我们可以孩子在青春期到来之前的一段生活。在那个时候，他偶尔会接触到一些成人性生活的模糊事实，而这种私密的了解，大都是通过口头流传的粗鄙不堪的语言实现的，其用词充满了对性生活的鄙视，要么极其恶毒，要么充满敌意。

这种对成人性生活的认识，显然与长辈在孩子们心中的威严形象大相径庭。

第一次接触到这些事情的小孩会立刻联想到自己的父母。在很多时候，他们往往会这样反驳："我的父母绝不会做那种事，你的爸妈才会那样子做。"伴随着这种"性的启蒙"，他们又了解到，这个世界有很多女人是靠性谋生的，而这种行为是被世人所不齿的。但是小男孩永远不能理解这种鄙视是为了什么。

只要他了解到，这种女人也能赋予他大人们才有的那些特权，也就是说，可以通过这样的女人来证明自己已经成为一个成年人了，那么，当他进入这种生活领域后，就会对这种女人既渴望又畏惧。随后，他们也不再相信，他们的父母没有做这种几乎人人都做的"丑恶"性行为。所以，只能自我解嘲地说，既然从本质上讲父母和妓女们做的是一回事，那么母亲和妓女也就没有太大的不同了。长大后，他们的所见所闻又重新唤醒了他们童年时的印象，那时的欲望和感情也都开始重新苏醒。于是他们在这些性知识的鼓动下，再次欲求得到母亲和仇视妨事的父亲，也就是说，他会再次产生伊底帕斯情结①。

令他一直心怀不满的是，母亲只允许他的父亲同她发生性关系，而他却没有这种特权，这简直太不公平了。如果这种激情无法排解，就只有借助别的手段来将它发泄出去。

这种手段就是，将母亲幻想成各种奇怪的形象，而这将造成更强烈的性刺激，最后只能通过自慰来解决。因为恋母情节与仇恨父亲的倾向往往同时出现，所以他通常会幻想母亲的不贞。在各种幻想中，那些和母亲有私情的情夫，又通常与这个男孩有着相同的性格，也就是说，在他的想象中，他希望自己长大成熟后能够与父亲相匹敌。我经常提到的"家庭浪漫史"，指的就是在那个时期，小男孩会通过各种奇特的幻想编织出各种一厢情愿的结果。

只要我们了解到那个时期孩子们心智的发展情况，再看男人为什么会偏爱性格放荡的女人这一现象也就不足为奇了。显然，这种情况应该与恋母情结有关。对于我们讨论的这一类型的男人来说，早年的情欲明显对其身心造成了难以磨灭的影响。而他日后所做的一切，都透露着他青春期之前的想象痕迹。同时，我们还能清楚地发现，青春期的过度手淫也是导致

---

① 即爱恋自己的异性父母亲，仇视自己的同性父母亲的情结。——译者注

这件事的原因之一。

在清晰的意识中，支配着这个人现实生活中的爱情幻想和"拯救"爱人的冲动，两者并没有任何必然的联系。就算有关系，那种关系也并不密切。也就是说，如果他爱的人本身很放荡，很不专一，那么就会很容易陷入麻烦之中，而他应该使自己的爱人意识到贞节的重要性，不再继续做坏事，以这种方式来保护她。

然而，遮盖性记忆、各种幻想和对于夜梦的研究告诉我们，这种解释只是对人类潜意识的一种合理化处理，因为人们在潜意识中是不好意思承认自己的某种行为或思想的，所以就会找一些看似合理的理由来搪塞自己。

"梦的继发性加工过程"往往能够混淆我们的视线，同样，"拯救"一词的出现也有着其自身的原因和特殊的重要性。事实上，这与"恋母情结"或者说是"双亲情结"是脱离不了关系的。当孩子听说自己的生命是双亲赋予的，或者说是母亲生下他的，他在感恩之余就会想要尽快长大成人独立自主，以便能够早日以某种珍贵的东西回报父母的恩情。可以这样设想，一个男孩为了维护自己的尊严，甚至可以说出这样的话："我从未想过要从父亲那里得到什么，他现在给我的一切我都会加倍还给他。"他还能为此编出各种幻想，比如他在某次危险中救了父亲一命，这样他就算报了父亲的养育之恩，然后就可以坦然地离开他了。在很多情况下，这种幻想要经过包装才能够进入意识，所以这种"拯救"的对象往往不再是父亲，而是变成了皇帝、国王或某个大人物，最后这些幻想会转化成诗的素材。大多数时候，"拯救"的对象都是父亲，这其中隐含着保护自尊的意味；如果拯救对象换成了母亲，那么其包含的就是一种感恩之情。母亲赋予了他生命，这无以为报，但是只要在潜意识将"拯救"一词稍作改动，那么那种感恩的欲望就能够得到满足了。这里，他选择的也是唯一能回报母亲的方式就是给她一个孩子，或使她再有一个孩子。不过，这个孩子一定要酷似自己。这种改变其实和那种救母亲一命的幻想极其相似，而且母亲给了自己生命，作为回报，再还给母亲一个酷似自己的生命，这听上去很合理。

为了感恩自己的母亲，作为儿子的，他力图使母亲能够拥有一个像他一样的孩子，而作为感恩图报，同时，这就也是"拯救"的本质。通过这在种幻想的世界中，他在无意中用自己代替了父亲，与此同时，也便满足了自己的所有天性、喜悦、爱情、恩情、欲求、自尊、自爱和自立。

在这种"含义转换"中，"拯救"的危险一直不容忽视。因为一个生命的出生背负着母亲的苦难，本身就是一种潜在的危险，所以人们常常把生命的出生视为整个人生中的第一大危机。事实上，这种危机也是日后人生旅途中各种危机的原型，这种经验会一直深深地根植在人们心中，所以导致了各种"焦虑"的情绪产生。人们对这种危机有一种难以名状的恐惧感，在苏格兰的一个传说中，因为主人公马克多夫在出生时，不是从他母亲的阴道中生出来的，而是从"她的子宫中直接蹦出来的"，所以从来不知道恐惧。

古代的解梦专家阿特米多鲁斯曾经说过，对于同一种梦境，因做梦者的不同而具有不同的含义，所以也需要不同的解释。这是很有道理的。

在这种潜意识中，规律性的东西也能够根据幻想着的男女性别不同而有所区别，也就是说：对于男性来说是让别人生个孩子，而对于女性来说是自己生个孩子。这种"拯救"的冲动在梦中及幻想中非常重要，如果梦境或幻想涉及到水，这个重要性就更为明显了。如果一个男人梦到他从水中救起了一个女人，那么就意味着他想让这个女人生下他的孩子。而若是当一个女人梦见从水中救出一个人或一个小孩时，那就意味着她会生

在清醒时的性行为中，女性比男性更多地依赖直接的肉体刺激。但是在性梦中，不论男女，都是主要依赖心理刺激。
★金赛

下这个孩子，就像摩西神话中法老的女儿一样[①]。

有时对于拯救父亲的幻想也会掺杂着感恩的情感。在这种
情况下，它通常会将父亲放在儿子的位置上，也就是说，想象
有一个像父亲那样的孩子。所有那些关于"拯救"的观念和
"双亲情结"的联系中，只有一种情结是我们所讨论的这类人
的典型特征，那就是想"拯救"自己所爱的女人的冲动情愫。

这里，我不想对这种以观察而推演出的理论进行深入描
述，我将重点讨论那些有着鲜明特色的极端的例子，就像讨论
"肛门乐欲"一样。大部分人身上只有一两个能够观察到的特
征，而且还是偶然事件，所以，如果不深究其根源，只从偶然
反常的现象出发，就会陷入一片混乱当中，根本找不到头绪。

---

① 《旧约全书》中"出埃及记"第二章记载。为了躲避埃及法老搜杀以色列男婴的法令，
摩西的母亲把刚出生的他藏在了河边芦苇丛里，结果正好被法老的女儿发现并收养，取名
为摩西，意思就是"我把他从水里拉出来"。——译者注

第二章

阳萎——情欲生活中最常见的一种退化现象

对于一位从事精神分析的医生而言，在各种复杂的焦虑症中，最常遇到的病例当属"精神性阳萎"。让人惊讶的是，这种奇怪的毛病往往多出现在性欲很旺盛的男人身上，其最主要的表现就是在迫切想要进行性行为时，性器官却不肯合作，而实际上，他的性器官本身毫无问题，完全具备性行为的能力，就算在性行为过程中，他本人那种急于纵欲的心理驱动力也是非常强大的。

这种病症很多时候是当问题发生，也就是只在和某些女人发生性行为时才会出现，其他大多数时候都很正常。通常他会觉得是女方的某些品质压抑了自己男性的某些机能，甚至很多时候他还会努力让自己忍受那种压抑的感觉，就好像内心有种力量在阻止其去行使自己的意志。但是他不明白那种内在的抗

力到底是什么东西，也搞不清楚到底是女方身上的什么问题而
导致了这种阻力。如果他和同一个女人的性交总是失败，那么
他就会约定俗成地把这归结为是第一次的不成功所导致的，而
每当回忆起第一次的失败，又会加重他的焦虑，让他受到更大
的干扰，从而导致失败不断上演。那么，到底是什么原因导致
了第一次的失败？这只是一种偶然的现象吗？

很多精神分析学家都曾针对这种心理性阳萎先后发表过很
多研究性的论文①。我们能够从精神分析学家的治疗实践为这
些论文找到注解。这种机能的失常现象应归咎于阳萎者内心的
各种无意识情结的影响力——那些患者本身没办法从对母亲和
姐妹的乱伦性固置中走出来。由于婴儿期经验的痛苦印象无意
中被激发，再加上各种其他原因，从而最终导致他在面对某个
女人时，深深地感到"性能力"不足。

对于那些比较严重的心理性阳萎者进行深入详细的精神分
析，往往会发现那些病症很严重的患者受到以下心理因素的支
配：在成长的过程中，原始的欲望发生了停滞，从而暂时无法
达到我们认为的正常位置。这同样也是很多精神失常患者致病
的原因。健康正常的爱情往往是温柔而执着的爱情和身体肉感
的情欲二者相结合的产物，但是在那些病例中，显然就不是这

---

① 例如M.斯坦恩的《男性机能性阳萎及其治疗》，W.斯坦开尔的《焦虑的形成及其治
疗》还有弗伦克则的《心理性阳萎的分析与治疗》等。——原注

样的。在这两种感情中，较早出现的是执着的柔情，它出现于儿童最弱的那段时间中，是基于"自卫本能"形成的，其对象一般指向家庭成员或照料儿童的人。

这种感情从最初就带有色情的成分，是性本能的一部分，这一点，不管是观察儿童的早期生活还是对成年心理症患者进行分析，都能察觉到。这种柔情其实代表的是婴儿早期的性对象选择，此时，性本能和自我本能并存，并以其对象为对象，重视他所重视的，因此，当"自卫的"肉体需要得到满足时，性本能也得到了满足。双亲及保姆在对小孩的疼爱中常常无意识地包含一些色情的东西，这就使得自我本能中色情成分的重量大大增加，当它累积到一定程度后，再加之能够指向同一目标的环境因素的作用，就必定对未来的发展产生影响。

当婴儿的这种感情固置发展到儿童期的时候，就已经包含了各种色情因素，不过此时还不明显，至少从表面上看来还不是为了追逐性快乐。之后，伴随青春期一起到来的是对肉感成分的追逐，此时这些情感的目标指向也无法隐藏。它们必然会随着早期标定的道路一直走下来，而且会以比现在更强大的原始欲望投入到婴儿期初次选择的对象上。但几乎同时，那些提防乱伦的保护墙已经完全建立了起来，消除了他与对象间产生性关系的可能性，借此，便能在最短的时间内摆脱这些不适合的性对象，然后去其他地方找寻，从而建立起合适的性生活。

在前人类家庭里，例如在野生动物中，依靠雄性首领的强大体力来进行统治。在这样的组织中，成年个体之间几乎没有任何伙伴关系，后代依靠母亲来获取大多数的照料和保护。

★金赛

通过观察发现，这次选择的新对象和在婴儿期时选择的对象不光在形态上非常相似，并且也逐渐找到了原先只投注在母亲身上的那份眷恋的柔情蜜意。就像旧约中提到的，男人必须在到达一定年龄后，离开父母，去选择与他的妻子相处，只有通过这种方式才能使柔情和肉感融为一体。以这种健康的方式发展下去，那种肉欲之情就能够发挥出巨大的力量并使爱情变得更加美好。

原始欲望能否正常发展下去，主要取决于下面两个因素。

第一，如果在现实生活中选择新对象时受阻，或根本找不到适合人选，自然就谈不上什么"选择新对象"了。第二，到底什么时候他该放弃对婴儿时期对象的迷恋，这种程度一般和儿时对快感的投注成正比。如果上面两个因素都很强大，那么心理症的一般性机制就随之形成了。在这种情况下，如果原始欲望脱离了现实世界，就会陷于幻想中，无法自拔，这会使婴儿期性对象的印象更加强大，并固置于其上。不过，为了避免乱伦，这种迷恋只能在潜意识中进行。

在这一时期，肉感所带来的激情只能依附于潜意识中这种对象的形象上，如果这时的情欲以自淫的形式得到满足，就会进一步加深这种固置。如果在现实生活中，那些寻找外部对象的步骤未能完成，就会用幻想取而代之；二者从本质上来讲是一样的。这种幻想最后以自淫的方式结束，尽管从意识形态上仍然是以外在对象作为选择，但是那些所谓的对象只不过是潜意识中原始欲望的性对象的替代品而已，借此，幻想就顺理成章地成为了一种意识。除此之外，这种取代对于原始欲望转化为外界方面而言几乎没有什么意义。

所以，对一个年轻人而言，他潜意识中仍会将情欲放在那个乱伦的对象身上，也就是说，也许仍然固置在乱伦的幻想中。如果任其发展，最终就有可能导致"彻底的阳萎"；当然，如果刚好患者的性器官比较弱也会造成这种情况，但与前一种因素相比，它始终是次要的。而所谓的心理性阳萎症就是前一种因素发挥作用，但程度较轻的结果。

然而，肉感的情欲不是一定要依附于眷恋的柔情当中，也许它本就十分强大，可以不受任何干扰，找到自己的出路。而这类人的性行为一般都会着很明显的特征，所以很容易被发现。多数时候，肉感的情欲会因失去了这种柔情而表现的多变且容易激动，甚至有时候还有些手忙脚乱。尽管这样，但是往往并无法从中得到什么乐趣。更重要的是，由于它与柔情蜜意无关，所以就会严格控制自己对对象的选择范围。尽管也有很多肉欲方面的诉求，但是却会避开能引起柔情的对象。换句话说，原本那些非常值得爱的女性，可以引发他们敬仰的女性，却无法勾起他们的性欲。所以，他虽然也会对那种高雅的性对象无比敬爱和怜爱，但是却不会涉及到色情方面。

这类人的爱情生活能够分成两种不同的层面，一种是不涉及肉体的、精神层面的，也就是我们常说的柏拉图式的爱情；另一种是俗世的、兽性的肉体爱情。这类人对自己真心爱着的人产生不了性欲，而那些能够引发他们性欲的女人，他们却又不爱，最后，他们选择寻找那些他们根本不爱的女人去尽情发泄，来避免自己的欲望会玷污自己深爱的女人。因为摆脱不了"敏感的情结"以及"被抑制的东西的恢复"这两大定律的影响，所以，如果他为了自己原始的性欲而寻觅女人时，偶然发现了一个和他潜意识中深藏的女人形象有些相近的女人时，那么这个女人身上一定有某些特征能够让他唤起对某个女人，比如母亲的回忆。而在这种情况下，面前的这个女人就是无论如何也要避免的性对象，也就是说，他在心理上必须对其加以拒绝，由此，心理性阳萎就出现了。

只要性行为的对象近似于乱伦对象，那么就会在无形中高估这个性对象。如果想要避免这种尴尬与痛苦，就不得不降低对性对象的评估。而随着性对象被低估，肉欲就变得肆无忌惮，与此同时性能力也能得到了高度的发展，紧接着快感也会迅速达到高潮。除此之外，还有一个因素也在发挥作用，那就是如果让这些情和欲所无法同时共存的人像正常人那样进行性行为，那么他们根本不可能感受到任何乐趣。对于他们来说，只有那种和普通人的性行为不同或完全相反的性行为才能激起他们的热情。但是，他们又经常会为了面子而仍然寻求异性对象，而那些对象就是一些地位较低又缺乏价值的女人而已。

在上一章中我们讲到了一个男孩曾将自己的母亲幻想成妓女。那个动机在现在看起来还是有一定道理的，至少它代表着在幻想中，他已经尝试着让自身两种极端的爱情源泉互相流通，具体表现就是将母亲的形象降格为发泄肉欲的对象。

在前面的讨论中，我们一直是以我们在前面一直是从医学院心理学为出发点的角度来探讨性的问题的，尽管这种讨论不切合本章的主题，其实那种探讨并不符合标题，但是为了我们能够深入理解，这种探讨还是很有意义的。

到现在为止，我们已经知道是什么造成了心理阳痿——病因在于爱情中的情爱和情欲两个方面配合上的失利。同时，我们还意识到一个问题，就是这种性抑制是在整个发展过程中，先受到孩子早期固及后来的防止乱伦的阻碍，后又在现实中屡屡受挫才最终导致的。我认为，对于这种理论，人们可能提出的最强烈也可能是唯一的反对意见就是，它尚未能就所有人罹患心理性阳痿的原因作出合理解释。正因如此，有些人能够躲避它，而有些人却无法逃避，因为这其中实在是涉及到太很多因素，比如孩童时期的强烈固置，对于乱伦的禁制及青春期以后很多年内性发展受到严重阻碍等。只要身处文明社会，就无法逃开这一切，也无法避免心理性阳痿的广泛存在。由此看来，基于对性的各种抑制表现，也就根本称不上什么病态。

我们说，要是我们认可是"量"的因素决定着疾病的形成，那么，上述反对的理由就根本站不住脚。因为大家都知道，疾病是其中的每一个成分积累到一定"量"的结果。不过，我们不仅不会据此去进行驳斥，要做的反而刚好相反。

我的观点是，心理性阳痿存在的普遍性绝对超乎一般人想象，在现代社会中，每个人都不同程度的带有这种倾向。如果我们将心理性阳萎的含义进行一下扩展，那就不仅是指那些性器官正常，希望能从房事中得到乐趣，却因为阳痿而无法正常性交的类型，还包含了其他一些并不明显的现象，比如说有些精神衰弱的患者，虽然能够像正常人一样行房事，但是却无法从中感到一丝乐趣，而且这种情况的普遍程度已经远远超乎常人的想象。通过精神分析法的研究我们可知，这种病的发病病因基本近似于我们通常所说的狭义上的心理性阳痿。与这些精神衰弱的男人相对照的是那些患性冷淡的女人。也就是说，那些女人对待爱情的态度与那些男性心理性阳痿的患者颇为相似，而且在数量上也不相上下，只不过女性的症状不明显而已。

　　所以，如果我们从广义上分析心理性阳痿症的含义，也就是包含一些症状不明显的表现，那么我们就必须承认，现实世界中，大部分男人的性爱行为都或多或少有一定的心理性阳萎的迹象。在这个世界中，还没有几个人能够将情感和情欲完美地融合在一起。当面对自己真心所爱的女人时，男人的性行为往往会受到抑制，而只有当其面对较低级一点的性伴侣时，他才能自如地发挥。当然，这也可能是其他一些原因造成的，比如他不愿意要求他所尊重的女人配合他那些反常的性满足，你不管怎样，我们知道，只有当其全身心投入时，他的性欲才能够得到完全的释放，但是，在他受过良好教育的妻子面前，他却比较拘谨，不敢尽情地放纵。鉴于这种情况，他只能找寻那种不太高尚的性对象，比如那些行为不检点的女人等。因为只有在面对那样的女人时，他才不会产生道德的焦虑感，同时，因为对方也不了解他的生活状态，所以也不会对其提出质疑。

　　换句话说，就是他的柔情都放在了自己所爱的女人身上，却将性能力都投注到自己找寻到的那个放荡的女人身上。这也就是为什么我们会看到一个社会地位很高的男人，却喜欢找那些社会地位很低的女人做长久的情妇，甚至会和她结婚。这是因为，从心理学意义上来分析，只有选择这种低级的女人做性对象时，他们才能达到完全的性满足。

我坚信，在文明社会，爱情生活之所以普遍存在这一问题的主因与心理性阳痿是相同的。它也由下面两个因素导致，一是儿童时期强烈的乱伦固置；二是青春期发展中寻找性对象受阻。虽然这看起来有点自相矛盾，而且不太雅观，但是事实就是如此。

当一个男人真正战胜了对女人的敬意，真正摆脱了那种和母亲或姊妹乱伦的羞耻感，他就能真正自由地享受爱人，但是这却很难做到。对于任何男人来说，只要一想到那种事就会忍不住直流冷汗并会约束自己的性欲。因为在这类人的内心深处，性行为是非常令人不齿的，显然，产生这种偏见的后果是很严重的。那么，这种病态的原因是什么呢？如果他能够克服内心的阻力，就能意识到，其实那种阻力主要来源于少年时代的遭遇，当时他身体的性冲动已经形成，可在身体发育成熟同时，却要极力压抑那种感

实际发生的异性乱伦的，要比医生和社会救济人员想象的要少很多。当然，也许会有很多的男性曾想过要与他的姐妹、母亲及女性近亲属进行性交，但是，这种想法却并不是普遍的，而且通常只发生在男性年轻时的一段有限的时期内。

★金赛

觉，既无法乱伦，又无法在别的地方得到很好的释放。

在这个文明的社会中，女人也被各种所谓的"教养"所累，其程度也会因男人对她们异常的表现而显得更为严重一些。也许男人到了她面前，所有的男人气概都荡然无存；也许在最初把她想象的貌若天仙，但是一旦真正拥有了她，就会立刻将她看低。无论是对女人的高看或是贬低，对男人而言都没任何益处。女人一般却不会高估男人，自然也就必降低其性对象的价值。因为她们长期在避免性爱的压抑中生存，所以她们的全部感性欲求都只能在梦中得到满足，长此以往，因为各种色情活动通常以一种淫乱的意念形式存在，所以她们在精神上已经沦为性无能者，而一旦某一天性活动成为一件很正常的事时，她们就会变成性冷淡者。同样的道理，很多已婚的女人在婚后很长时间都耻于性活动，还有一些女人则对性活动表现得异常冷淡。但是，如果这种性关系如同夏娃的禁果一般掺杂进犯禁或秘密的成分，就会极大调动起她的性兴奋。而这种偷来的乐趣，自然无法从她丈夫那里得到满足。

我认为，女人的爱情中需要一些犯禁的刺激的原因，和男人需要性对象身份较低是相同的，两者都是在社会伦理的法律产生后，性成熟和性满足彼此斗争的产物，其目的都是为了克服因为情和欲没有协调好而导致的心理性无能。但是，尽管出自同样的原因，在男人与女人之间的结果却完全不同，具体表现就在于二者在性行为上的不同。在文明社会中，女性往往会经历很漫长的等待，久久不会逾越性活动的压抑，所以提到犯禁一般会与性爱联系起来。而对于男性而言，在那个阶段，通常表现为降低性对象的标准来打破那种禁忌，并且在今后的爱情中也会一直延续这种爱情模式。

现在，在性生活不断开放的今天，我仍需再次提醒读者们，精神分析研究和其他科学研究是相同的，并没有任何不公正。如果是通过患者的病症去作研究，那么，在这一过程中，精神分析法也并没有将假设强加在事实中，而是基于事实基础上得到的理论。如果研究出的事实真相能够帮助社会状况得到改进，那自然是最好的结果，但是，如果这些所谓的改革一旦发展起来，如何把握那个尺度，会不会导致更多的牺牲，那就不是我们现在能够预测的了。

正如上面提到的，文化教育会限制爱情生活，从而导致很多男性降低对性对象的选择标准。这里我们会暂时放弃那个问题，重点讨论某些和性本能相关的现象。

因为在早期无法享受到性爱的感觉，导致人们在结婚后本可以尽情享受性爱的快乐时，却又无法得到满足。那么，假设情况反过来，从最初就能够完全释放自己的情欲，后果又会怎么样呢？我个人觉得情况也许会更糟。这很好理解，情欲如果得到的过于简单，那么也不会显得多么可贵。也就是说，阻碍是能够有效提升兴奋度的。历史也一再证明，当阻碍人们获得满足的自然力消失时，人们总会人为地寻找一些阻力，以此来使自己充分享受真正的爱情。不管是对个人还是对群体，这个道理都行得通。当性欲能够顺利得到满足时，爱情也随之变得没有意义，人们也因此而开始空虚起来。随后，人们为了挽救爱情的情感价值不得不重新燃起一种阻碍爱情发展的反作用。从这个角度而言，基督教文明中的禁欲倾向极大地提升了爱情的价值，成为古代的教徒求之不得的一种最高贵的爱情。它来源于苦行僧式的生活中，并通过终生对原欲诱惑的斗争中获取自己的价值。

　　这个现象也是我们在机体中所普遍存在的。也就是说，本能欲望会一直随着挫折感的增加而继续高涨。如果有这样一个实验：各种人都处于相同的饥饿状态，当务之急就是迅速进食。在这种情况下，他们的差异就会荡然无存，每个人都会受到唯一本能的驱使。但是，如果情况刚好相反，他们所有的本能都需要得到了满足，结果会怎样？是否精神价值会下降？对于这点，我们可以将其比喻为酒与酒鬼的关系。酒鬼们不就是对酒的毒害感到满足吗？可我们从未听说过一个酒鬼因为永远喝同一种酒感到厌倦，就总是变换酒的。而且事实恰好相反，他喝同一种酒的时间越久，也就会越发依赖。同样的道理，也没有一个酒鬼会因为喝酒太多而感到厌倦，最终以迁居到一个禁酒的或酒价昂贵的国家去的方式来挫败自己那萎缩的快乐。恰好相反，那些嗜酒之徒每当聊到对酒的感情时，就好像聊到了那些最风骚的情妇那样感到满足。

奇怪的是，为什么人们对他们爱的性对象就做不到这点？我个人认为，这是因为有些东西最不容易得到满足。只要想一想这种本能会在自身发展中经历的各种曲折，就能找到产生这种倾向的两个主要原因。

一、在性成熟中影响着性对象选择的两大干扰力量和乱伦障碍的阻挠下，这种选择最终只能找到原型的替代品。通过精神分析法我们可知，如果本能欲求的原对象因为各种外在压力而失去作用，那么就会找到一连串性的替代品，而这种性对象的替代品是无法为其带来一种满足感的。这就体现了人类性爱中的又一大特征——为什么他们选择的性对象总是无法长久地保持那种诱惑力，需要永远追求新的刺激。

二、正如我们了解的，性本能开始于各种成分，是这些成分的组合，但是很多成分会在中途被压抑住或转为其他用途，而不是从一开始就得到充分发展。这其中最明显的本能莫过于嗜粪欲，这个成分自从人类开始直立行走，嗅觉器官远离地面后，就开始与我们的美学观念格格不入了。

另外一种本能也要中途放弃，这就是构成性本能的虐待本身。但是，全部的淘汰过程都和心灵中较上层的及较复杂的结构有关，而性交的过程却保持原样不动。因为排泄道和性器官靠得太近，所以不可能清楚地分辨出来。但不管意识和心灵经历何种变化，介于尿道和屎道之间的性器官都始终如一地保持着它的重要性。正如拿破仑所说，"解剖学就是一切"，随着人的身体从头到脚不断向美演化，只有性器官依然保持着最原始的野兽时代的结构和形象，所以无论在任何时候，爱欲的本身就是一种兽性的体现。性欲的本能是无法改变的。人类社会在这个方面所作出的努力，就其程度来讲总是不合时宜，但无论如何，如果人类文明想进步，就要在某种程度上牺牲掉性的快乐，而那种永远无法满足的氛围正是源自于此。

所以，无奈之下我们只能得出这样一个结论，那就是要想使性本能欲求和文明相互协调发展，简直是痴人说梦。文明发展程度越高，人类就越发会面临各种苦难、牺牲和在遥远的未来种类灭绝的威胁。这种预言实际上来源于下面一种猜测，那就是伴随着文明带来的各种不满足感，是性本能在文明压

升华理论缺乏客观科学验证。尽管许多个人个体确实在十分努力地去控制自己的性反应，减少性高潮频率，但是，他们的性能量真的能够被转移到"高层次"的事物上去吗？倘若真能如此，那么他们不但应该减少或限制自己的实际性反应，而且更应该在精神上做到毫无烦恼与不安。

★金赛

力下畸形发展的结果。而只要性本能向文明发展妥协，那么那些无法满足的成分就会不断升华，从而创造出文明社会中最为伟大和奇妙的壮举。反之，如果人类性欲能够被彻底满足，那性的能源就无从转移，人们对性的快乐迷醉不已，社会也就会停滞不前。

所以，我们说，正是性本能和自存本能之间无法调和的矛盾与对抗才推动了人类文明的发展进步，但同时，它又为人类文明带来一种长久的威胁，以致弱者们深陷心理症的困扰无法解脱。

科学并不旨在对人们提出警告或进行劝慰，但我也必须承认，本文中得出的结论应该建立在更广大的基础上，也许人类在其他方面的发展能够有效解决上述问题，这也是我所追求的。

第三章
处女的禁忌

我们在研究原始民族的性生活中，会为很多细节惊诧不已。他们对尚未有性经验的女子，也就是处女的态度就是个鲜明的例子。正如我们所了解的，在文明社会中，男人在追求女人的过程中会非常注重她是否是个处女，这种传统观念会在某些人脑海中根深蒂固，好像这是件很正常的事情，如果突然问他们原因，他们反而会目瞪口呆，不知如何回答。其实，因为人们长久以来根深蒂固的一夫一妻制的思想作祟，人们通常总是希望占有一个女人的全部，并因此要求女孩在婚前不要和别的男性发生关系，以防对女孩的身心带来一定影响。事实上，这种做法

在古代戒律中，严惩女性婚前性活动的原因是，它们损坏了男性对于自己妻子的财产式占有权。根据男性生长在其中的文化标准，在新婚之夜女性必须是处女，和男性买来的牛或者其他物品必须是完好无损的一样。

★金赛

只是将对女人的垄断行为延伸回了过去。

如果从上述观点来研究女人爱情生活的某些特征，那么很多看似奇怪的现象就会变得不足为奇。通常情况下，人们都更为看重处女也不无道理。我们知道，环境和教育会对女性的身心造成一定影响，使她们处处小心，绝不与男性发生性关系，长此以往，对爱欲的渴望一直受到压抑。所以，只要她能够大胆冲破阻力，选择了一个男人来放任自己的爱欲时，她就会一辈子委身于他，不会再对别人产生如此深情了。女人这种因婚前长久的孤寂所导致的"臣服"态度对于男人来说十分有利，因为这样一来他就能一直长久地占有她，并使她不受外界新的印象的诱惑。

1892年，克拉夫特·伊宾首创了"性之臣服"一词，意思就是某些人只要和别人发生了性关系，就会对这个人高度的依赖和顺从。这种"臣服"心理甚至会达到一种极端程度，让人失去自我，甚至心甘情愿为对方付出全部，毫无保留。我认为，如果希望男女间的性关系长久保持下去，那么某种程度的依赖和臣服心态是必不可少的。同时，为了实现文明的婚姻制度，有效压制那些不符合社会安定团结的一夫多妻的倾向性，就更应对这种臣服态度加以鼓励。

那么，是什么导致了这种"性的臣服"态度？克拉夫特·伊宾认为，如果"一个个性软弱敏感的人"爱上了一个完全以自我中心的人，就会无可避免地产生这种结果，但如果运用精神分析法进行研究就会得出与此不符的结果。精神分析法认为，这里，起决定作用的显然是那种客服性阻力的力量，也就是说，取决于这种阻力的突破是否能够通过一次的冲击得以实现。如果能够通过那"致命的一跃"后，完全改变自己受阻的地位，就会形成"臣服"的态度。就这点上来说，女性比男性更容易产生性臣服的态度。可在当今社会，情况却正好相反——男人往往更容易陷入那种境况中。这是怎么回事呢？通过研究，我们发现，如果当一个男人面对某个女人时，忽然发现自己不再受心理性阳萎困扰，那么他就会从此对那个女人百依百顺，并一直生活在一起，而这也就是造成人类很多婚姻悲剧的罪魁祸首。

接下来，我主要来谈一下原始民族对处女价值的看法。

也许很多人会错误地认为，既然原始民族中的女孩子大多在婚前就已经不是处女了，而且也能够顺利出嫁，那这就说明原始民族并不在意一个女子是否是处女。我的观点是，在原始社会，这种夺去女孩子童贞的仪式还是意义重大的，它已经成为原始民族的一种类似于宗教性的"禁忌"，正是因为这样，习俗才会严禁她的新郎来做这件事，以免打破禁忌。

在这里我不想再详述所有论述这种禁忌的文献，也不再说明它在全世界分布的有多广，形式是如何的多样，我们唯一想解释的就是，其实那种在不结婚的情况下弄破处女膜的行为，是个普遍存在于原始民族中的习俗。卡洛雷就曾说过："在这种婚前举行的特别仪式中，通常由新郎以外的某个人来捅破那层处女膜，这种情况主要多发生于低级文明的国度。"

我们也不必为此感到惊讶，因为，如果想让捅破处女膜的行为不发生在结婚后的第一次性交中，就必须事先让某个人通过某种方式来实现。卡洛雷曾经在其《神秘的玫瑰》一书中，对这方面作过详细的描述，这里，我要引用如下几段：

第191页："在迪雷部落以及其邻近的部落中，有这样一种习惯较为普遍：女孩一到青春期就会自己弄破她的处女膜"。

"在波特兰和格莱尼格族中，经常会有一些年老的妇女给新娘做这个手术，更有甚者还会专门请白人去强奸少女，帮助其完成那个使命。"

第307页："有时，早在婴儿期便会弄破女婴的处女膜，不过，最普遍的还是青春期的时候……但是在澳洲，它经常会伴随着性交仪式合并举行。"

第384页（见斯宾塞与吉伦关于澳洲各个部落情况的通信，在信中他们重点讨论了这些部落中特别流行的族外婚姻风俗习惯）："第一步，要先人为地将处女膜穿破，然后，让做这件事的男人们和这个女孩一一发生亲密关系……总的说来，整个仪式包括了穿破处女膜和性交两个步骤。"

第349页："在赤道非洲的玛塞地区，这种手术时女孩子在步入婚姻的殿堂之前的必要准备。在沙克斯族、巴塔斯族和阿尔福尔族中，像这种穿破处女膜的工作大多数时候都会由新娘的父亲来做。甚至在菲律宾群岛，还有一批人以穿破少女的处女膜作为专门的职业，不过那些早在婴孩时期就已经由老年妇女做过该类手术的女孩，长大以后就无须再做这种手术了。在爱斯基摩族的某些部落里，只有僧侣们有权这样做。"

上面的论述存在两大问题：一、大多没有描述清楚到底如何"穿破处女膜"，是通过性交穿破还是什么别的方式？只有一处提到是分成两个阶段进行这个过程的，详细说起来就是首先通过器具把处女膜弄破，然后进行性交仪式。二、并没有交代清楚，在各种仪式中郑重其事的性交和平时的性交有什么分别。据我所知，之所以会出现这种失误，部分是因为作者羞于进行描述，部分是因为作者还根本不清楚这个问题的严重性。

因为在国外的报纸杂志上也找不到任何相关资料，所以我无法
按照自己期望的那样从旅行家或传教士那里得到更详细和更准
确的第一手资料，因此，到目前为止，我还无法对此作出肯定
的结论。不过，尽管对第二个疑问的描述并不详细，以致这种
仪式的性交活动缺乏真实效果，但是我们仍能想象的出它表达
的是完全的性交，并且他们的祖先也是那么做的。

　　下面，我来深入探讨各种解释处女禁忌的因素。正如我们
了解的，穿破处女膜就说明会流血，而原始民族一直把血看作
是生命的源泉，当然会对此充满敬畏，这也就是原始人处女禁
忌的第一个原因。除了性交，在其他社会规范中也要注意不触
碰这种流血禁忌。事实上，它代表的是一种"不可杀人"的禁
令，是为了禁止及防备原始人的喝血情操及杀人狂欲而存在
的。原始社会中的各种禁忌都受到过这种观念的影响，诸如处
女禁忌，还有很普遍的月经禁忌等。原始人将每月都要经历的
流血现象看待得极为神秘，她们会认为这是有某种东西正在
迫害自己，是因为精灵鬼怪的撕咬甚至是和某个精灵性交所导
致的。

　　我们在很多资料中都能看到，大部分原始人都认为这个精
灵就是她的某个祖先。甚至还有原始人认为经期中的女孩身上
也许附着了某位祖先的灵魂，所以令人畏惧，视她们为"禁
忌"。但是，我个人认为，如果我们继续深入研究这种恐惧流

血的现象，就不会那么看重这一点了。

比如说，在某些种族中，都会不同程度地实行各种手术，如对男孩子作包皮割礼，还有更加残酷的对女孩子实施的阴蒂及小阴唇的割除礼。此外，还有各种以流血为目的的仪式，这些现象都与"原始人恐惧流血"的解释相矛盾。从这个角度来说，很多人婚后为了和丈夫方便地性交而废除了这项禁忌（月经禁忌）就很正常了。

第二种解释也和性没什么关系，它比第一种解释更具普遍性，牵扯面更广。以这种解释来看，原始人好像一直在一种焦躁的期待中生活，他们正如我们在精神分析学中所说的焦虑症患者一样，整天忧虑不安。而那种焦躁的期待感在遭遇到各种新奇、神秘、怪诞和不合常情的事物时就会加剧。它同时还造成了很多牺牲或奉献的祭典和仪式，并且大半都保留在种种宗教仪式里一直流传到现在。据我们所知，每当人们面临一个全新的局面，比如家畜下崽，果实与庄稼丰收，喜得贵子等，就会随之产生一种特有的期待，而这种期待中往往还透着焦虑，各种成功或危险的结局会同时在脑海中交替出现，令人坐立不安。而此时，人们往往就会想到通过某种仪式或祭典去向神人寻求庇佑。同样的道理，结婚时的第一次交合对当事人双方也是非常重要的，所以人们也希望用某种仪式去保护它。这其中，既掺杂着对新奇事物的希望，又有对流血的恐惧，这两个方面并不矛盾，反而互为补充。第一次性交是人生路程上的一大障碍，只有通过流血才能冲破它，而这又加剧了期待的紧张程度。

第三种解释就像卡洛雷说的那样，认为处女禁忌同属于性生活禁忌的范畴，而且只是性生活更大禁忌中很小的一部分。同女人的每次性交都是禁忌，而并非只有第一次才是，换句话说，女人就是禁忌。之所以这样说，并不是因为女人性生活中总是充满着各种诸如月经来潮、怀孕、生产、坐月子等各种需要避讳的时刻，而是因为每次与女人做爱都得经历各种限制和难关。我并不认为野蛮人的性生活是随便的，尽管原始人偶尔也会无视那些所谓的禁忌，但是很多时候都不是那样的，他们甚至比文明人有更多的规矩。很多情况下，男人都必须远离女人，比如远足、狩猎、出征等，在那个阶段是不能和女人进行房事的，以避免他们因为精力衰竭而在很多重大关头遇难。就算平时，他们也不能总是和女人同房。在那个时代，最常见的是女人和女人在一起，男人和男人在一起，而现代社会中的小家庭在原始社会是很少见的。有时候男女甚至因为分开的太久，连对方的名字都忘记了，而女人们会有一套自己所特有的特殊词汇。当然，有时候性需要也会打破这种长期分居或分离的状态，但更多的男女（哪怕是夫妇）之间的性行为都只能在户外或某个很隐秘的地方进行。

　　原始人的每种禁忌就是针对他们害怕的一种危险而建立的。其实，上面提到的各种规则和对女人的规避显露出的都是原始人对女人的恐惧。也许，这种恐惧始来源于女人与男人自身的差别，在男人看来，女人总是充满神秘感，她们奇特又难以捉摸。

　　他们觉得异性只会给自己造成伤害。他们甚至害怕自己的力量会被女人带走，担心自己会被女人影响而逐渐具备女性的特征，最后导致一事无成。而每当房事过后，他们就会感到情绪突然变得低落，浑身酸软无力，这更重了他们的担心。同时，现实生活中的女人往往总是利用性关系来不断支配和敲诈勒索男人，所以那种恐惧感就变得更加深重。上面的各种心理，在我们文明社会中已经荡然无存，但是事实上，在每个男人的内心中，多少都会留有这种痕迹。

　　很多深入研究原始民族的人都深信一点，那就是原始人的情欲是非常软弱的，在强度上根本无法与文明人相比。很多人并不赞同这一说法，但是在上面提到的各种禁忌中，原始人确实一直将女人当作一种有害之物来躲避。那么在那种状态下，他们对这些女人的感情有多少，有多深厚就值得商榷了。

　　在这方面的论述中，卡洛雷的看法和很多精神分析家的看法基本上类似。同时，他深入分析到，人与人之间也有"人身隔离禁忌"。尽管我和别人在很大程度上都很相似，只有很少的几点不同，但恰好就是那为数不多的几个不同点导致了人与人之间的孤立和敌对。由此，我们也可进一步分析那种人对于自己与别人之间那些微小不同之处的"自恋"，由此便可知人们为什么很难做到与别人亲如一家或深爱周围的每个人。

　　这种分析心理的工作确实非常有意思，同时，通过分析男人的心理，心理分析师还指出，男人因为自恋而放弃女人和看低女人，主要就是因为过去的"阉割情结"。

　　讲到这里，我们似乎有点儿跑题了。为什么要因女人普遍具有的"禁忌特征"而严加限制女人的第一次性行为。我们只能用两个理由来解释，那就是害怕流血和对未知事物的恐惧。但是这两个理由并不是这种禁忌仪式的本质。原始民族举行这种禁忌仪式是为了不致未来的丈夫承受第一次性交流血造成的结果。但事实上，我们在前文中曾说过，这种事情能够使女人更加臣服于那个男人。

　　有关一般性禁忌仪式的起源和意义，我们已经在《图腾与禁忌》一书中作过深入讨论，这里不再赘述。我在那本书中已经得出一个结论，那就是，只要是禁忌，就一定会涉及一种矛盾的情感，这种情感是恋母情结中的一种。

　　心理症病人会建立起自己的恐怖对象，同样，现代原始部落的禁忌，也是经历了漫长的发展而建立起来的系统。新的动机已经代替了禁忌的原始动机，这样才能够和新的环境相协调发展。但是，我们也可以先将那些新的发展变化放下不谈，而回到问题的最初，即原始人的每种禁忌就是针对他们害怕的一种危险而建立的。

总而言之，他们的恐惧来自于精神层面，而并不是现实生活中的实际危险，原始人并不太在意精神和实际之间的区别，因为他们还无法分辨哪些危险来自于精神层面，哪些危险是实际存在的，他们始终对世界保持一种泛灵论的看法，在他们眼中，无论是天灾人祸还是洪水猛兽，都是一种具有灵魂的恶灵作恶造成的结果。同时，因为他总是对所有他不喜欢或不熟悉的外界事物充满敌意，所以就会将女人当作危险的源泉，既然女人那么恐怖，那么夺取其童贞就是一件危险的事了。

在这里，我们已经能够明白危险的本质，还有为什么只会对自己的未婚夫产生威胁。要想找到更明确的答案，我们还要对那些生活在当今文明社会的，和原始社会妇女具有相同处境的妇女的行为进行更深入的研究。这里，我可以预先告知大家一点，那就是各种深入分析研究说明上述危险是确实存在的。由此可知，原始社会人们的禁忌均是具有目的性的，他们的这种社会风俗也确实为他们避免了很多精神上的危机。

正常的女人在达到性高潮时，往往会双手紧紧抱着自己的男人，似乎是在向自己的心上人感恩，表明自己这辈子就是属于这个男人的。但是，很多人不知道的是，女孩子的第一次一个人在婚前多年都受到禁锢和阻碍，又回避肉体接触和激情反应，他（她）所形成的自我束缚就会损害自己的反应能力。如果结婚这件事仍然不能消除这种束缚，那么，他（她）就会在婚后很多年里将继续受到折磨。

★金赛

性生活，其实并不是那么美好，她不仅不兴奋还很失望，而且体会不到任何乐趣。她必须经历很长的一段时间才能够渐渐体验到做爱的愉悦，而有些人不管丈夫如何体贴、关怀，都不会有愉悦感。人们往往不把女人的性冷淡当一回事，但我个人觉得，如果女人性冷淡的原因不在男人身上，那么就应该从别的地方寻找答案，并进行深入的分析研究。

我并不打算以女人的第一次性生活作为研究的切入点，因为女人大多对此避之不及，而导致这一现象的原因实在一言难尽，更不要说，还有很多人以此作为女子"洁身自好"的表现。在我看来，如果能从某些病态的案例着手分析，就能够深入理解女人性冷淡的秘密。

正如我们了解的，很多女人在首次性交后，甚至在每次做爱后，都对男人心存怨恨，甚至恶言相向，有时甚至会动用武力。曾经有这样一个患者，她非常喜欢自己的丈夫，常常主动要求性生活，而且每次都能从中获得快乐，但是事后却又忍不住怨恨她的丈夫。这种自相矛盾的事情，就是性冷淡的另一种形式。

但是，一般女人的性冷淡是比较单纯的，她们心中那种憎恨的力量只是潜在地压抑着她们对性爱的激情，并没有公然地流露出来。而如果女人处于一种病态，那么她会将爱和恨区别对待，并按先后顺序将那两种矛盾表现出来。这和我们很多年前在强迫症中研究发现的"两元运动"的原理相类似。如果夺走女人的童贞一定会使她产生长久的敌意，那么她以后的老公当然不会充当她童真的破坏者。

我认为，在女人内心深处窥见到造成这种矛盾性表现的某些冲动，也同样能够拿来解释性冷淡。第一次性生活所激发的某些激情并不是来自于女性的本能，并且很多激情的感觉在以后的做爱中也不会再出现。最值得一提的是，女人最初云雨时要忍受那种难以承受的痛苦，也许有人认为这一个因素已经足够，不用再提及别的因素，但是事实绝不是如此简单。如果仅仅是肉体的痛苦是不会带来那么严重的后果的。

事实上，女人之所以性冷淡不仅仅是因为肉体的痛苦，更多的还来自于一种"自恋"心理受到打击以后的心灵挫败感。这种痛苦往往是一种自认为失去了高贵的童贞之后后的哀怨惆怅的感觉。但是，从原始民族祭典仪式中我们却又能清楚地感受到，其实那种痛苦或失落对于性冷淡的产生并不重要。正如我们所了解的，他们的仪式通常分为两个阶段，第一是用手或别的工具弄破处女膜，其次是正式的性交或采取各种象征性的姿势。不过，这时的性对象都不会是自己的丈夫。这样就能够看出来，其实那种禁忌的不光是为了避免新婚之夜在肉体或精神上的痛苦，还包含有别的寓意。

再来分析一下文明世界的女人。因为首次性行为并不像她们长时间以来想象的那样，所以便会感到特别失望。因为在这之前的性行为总是伴随着各种抑制和各种顾虑的阻碍，所以一旦面对正式的、合法的性交时，她们仍免不了觉得羞愧和担心。甚至很多年青女子在面对即将到来的日子时，往往显得笨拙和可笑，她们把做爱那种微妙的感觉当成了一种很神秘的事情，不敢面对双亲，更不敢对别人提及这种事。她们内心觉得，如果这种事被别人知道了，那么爱情的价值也就随之消失了。而这种感情一旦畸形化，一定会影响其他成分，这样就会影响到婚后情欲的感觉。

这种女人一般对公开的夫妻关系感到索然无味，她们倒是更愿意冒着各种危险去偷情，因为觉得那样才浪漫，并充满激情。但是，那种动力还仅仅存在于心理的浅层。这种现象只在文明社会中存在，而对原始社会中的各种禁忌我们又该作何解释？我们相信，是心理深层次的东西影响到这一"禁忌"，也就是说，是来源于某种原始欲望对原始对象的深入影响，孩童时期的性爱目标从未消失过。女人们最初的原始欲望总是固置在父亲或能代替父亲的某个兄长的身上，而那种恋情通常并不以与对象的交合为结果，顶多也就在内心深处偶尔模糊的想象一下而已。这就等于说，丈夫只是这种原始对象的替身，而并不是她真正的恋情对象，她的真正的恋情永远都是针对别人的，最典型的就是其父亲。而对丈夫的情爱，只不过是在万般无奈的情况下的权宜之计而已。

这种恋父情结的强弱或者持续性能够直接影响到她丈夫的感觉，会影响到她对丈夫的态度——是冷落还是拒绝。这就等于说，性冷淡及心理症是由同一个因素造成的。当然，如果一个女人对待性生活越理智，那种原始欲望就越发能够抵抗那初夜交合时的震惊之感，也就越发能够抵御男人对其肉体的占有。此时，这种女人的心理症就被性冷淡取而代之。如果那个性冷淡的女人又恰好不幸地遇到了一个性无能的男人，那么那种冷感的倾向就会越发的严重，甚至会导致很多别的心理问题。

由此，我们想到了原始社会中由长者、僧侣或其他贤达之士担任首次破坏其处女膜的职责的习俗，显然，这是潜意识中对女人早期恋父情结的认可，所以才会选择那些与父亲相似的替身来完成这一使命，而这刚好和深受诟弊的中世纪领主的"初夜权"遥相呼应。斯多尔福（A.J.Storefr）对这一点表示赞同，他还进一步揭露了一个事实，那就是在分布很普遍的所谓"托白亚之夜"习俗里，往往只有父亲才能享受第一次交合的特权。这与荣格的调查也是一致的。在那些调查中，荣格发现，在很多民族都是由那种代表着父亲意象的神祇雕像来完成初次交合使命的。在印度的很多地方，新娘要被一个木制的类似生殖器一样的神像戳破处女膜。据圣·奥古斯丁的记载，在罗马婚仪中也流行过这种习俗——新娘要在那被称为普莱柏斯神的巨大的石制男性生殖器上坐一下；显然，这种习俗已经被象征化了。

如果我们从更深的心理层次分析，还能发现另一种动机，而女人对男人发自内心的又爱又恨的感情也是源于那种动机。同样，女人的性冷淡源自于此。经过深入分析我们能够发现，女人最初做爱的冲动，除了上面所说的各种感情外，还有源于一种完全与女人的机能和职责相违背的因素。很多女性心理症患者早期都有一个共同点，那就是她们曾经有一段时间很羡慕她的兄弟的阳具，并且很沮丧自己没有那种东西，她们往往会想象自己是残缺不全的，而且是因为遭受了某种虐待才会这样的。这种"阳具艳羡"也是"阉割情结"的一部分。在那种艳羡中包含了一种"希望成为雄性"的含义，而"阉割情结"是一种"雄性发出的抗议"。

"阳具艳羡"一词的首创者是阿德勒（Adler），只可惜他却错误地拿这一因素来解释心理症。不过，有一点是不可否认的，那就是正处于发育期的小姑娘经常会天真地表现出对自己兄弟阳具的羡慕甚至是嫉妒。她们甚至会学着兄长的样子站着小便，认为这样就能和他们保持平等。

在前面的例子中，我们也提到过，有些女人在性交后会对自己的丈夫心存怨恨，我的分析是，她之前就一直深处那种嫉妒的情绪中，直到她的对象确定下来之后都没有改变。一般情况下，女孩会逐步将原始欲望转移到父亲身上，这时她所希望得到的就不是阳具，而是为其生出一个小孩。

这种发展顺序也会颠倒，在一些极个别的特殊的例子中，"阉割情结"经常会跟在"对象选择"的后面，这也不足为奇。在"雄性期"里的女孩对男孩子阳具的羡慕，并不是一种"对象之爱"，而是一种很原始的自恋而已。

不久之前我对一个少妇的梦进行了分析，结果发现那个梦对应的就是她对失去童贞这件事。同时，在那个梦也反映了那个女人潜意识中的一个愿望，就是希望阉割自己的丈夫，夺走他的阳具。那个梦原本可以解释成童年欲望的延续或重演，但是梦中的某些细节预示着它已经超越了常态，这显然会是一场悲剧。

接下来，我们再回过头研究一下"阳具羡慕"。女人特有的那种对男人敌视的矛盾倾向，总是和两性关系相关，但是我们只能从那些充满男人气概的巾帽英雄身上找到痕迹来证明。弗伦克兹（Frenciz）曾经从古生物学的角度出发去深入研究女性内在的敌意起源，认为这种敌意甚至可以追溯到混沌初开，两性初分之时。他始终坚信，性行为起源于两个完全相同的单细胞之间，但是逐渐地，一些较强大的个体就开始强迫那些较为弱小的个体进行性交，而这种在强制淫威下不得不屈服的态度也正是当今女性性冷淡的原因之一。这种说法还是有一定道理的，只是我们应该客观地对待，而不是一味地夸大其辞就好。

我们已经深入研究了女性首次性交的矛盾性反应及其产生的动因，并概括得出这样的结论：因为处女性心理还没有成熟，所以一旦有一个男人诱导她进入性生活，她就会觉得难以忍受。这样看来，处女禁忌反而成为了人类高度智慧的结晶，因为这能使那个将要和她一起共度一生的男性规避这种危险。在文明高度发展的现在，因为各种复杂的理由和因素，人们越来越看重那种女人走入"性之臣服"后所带来的各种有利因素，也不再避讳那种危险，所以女人的童贞就成为了男人最为看重的财产。但是，就算是那样，女人的仇视情绪也并没有因此而完全消除。我们可以在各种不美满的婚姻中清楚地发现，那种因为丧失童贞而产生的报复情绪仍存在于女人心中。现在还有很多女性，在首次婚姻中一直都不苟言笑，对男人毫无热情可言，直至最后以离婚收场。但是，如果再婚，那种情况就会有所好转，她也不再一直郁郁寡欢，而且还会逐渐享受或尝试做爱的欢愉。可见，经过第一次性的结合后，女性所有不良反应已经不复存在了。

其实，所有人都知道，即使在文明社会中，那些处女禁忌也并没有绝迹，很多诗人也曾经以此作为素材。安孙鲁贝（Anzengruber）曾经在一篇喜剧中描写了这样一个场景：一位朴实的农民不愿意娶他心爱的女孩为妻，因为他觉得这会让他短时间就丧命，所以他宁愿让这个女孩嫁给另外一个男子，等她成为寡妇后，才敢放心大胆地娶她。这个剧本就叫做"处女之毒"。这与养蛇人的行为很相似——先给蛇一块小布片让它咬几次，这样他们就能放心大胆地摆布它了。在海拜尔创作的《朱蒂斯与何洛弗尼斯》的剧作中，朱蒂斯的角色充分展示出了处女禁忌以及部分动机。朱蒂斯也是童贞受到禁忌保护的那种女人。在新婚之夜，她的首任丈夫莫名其妙地感到害怕，以后就再也不敢碰她了。她曾经这样形容自己："我的美就像颠茄，如果谁享受了它，只有没命或疯掉两种下场。"

当亚述将军率领大军围攻她所在的城池时，她想到去色诱那个将领最终将其置于死地，显然，这个想法的实质就是对性的欲求，只是在这里它被披上了爱国的表象。而当她被那个凶残的将领粗鲁强暴时，竟在瞬间爆发出了无穷的力气，一掌将他劈死，拯救了自己的民族。从心理学的角度分析，将一个人破头就是象征着将他阉割，这个行为也象征着朱蒂斯阉割了夺走其童贞的男性，就好像那个前文提到的那个新婚的少妇在梦境中梦到的那样。在那本书中，海拜尔以美妙的语言，将伪圣经①中各种爱的行为都蒙上了一层性的色彩。在那本书中，直到回城之后，朱蒂斯仍然以清白之身自居。而即使我们翻遍所有真伪圣经，也找不到任何有关她荒诞婚姻的一丁点儿记载。海拜尔正是以他自身那种诗人特有的敏感天赋，戳破了经文中的谎言，将故事背后的真相和内涵全部公之于众。

　　萨德格尔（Sadger）曾经海拜尔的写作动因进行过深入分析，由他的分析我们可知，海拜尔之所以对这一题材感兴趣，源自于他童年时在两性的挣扎中更倾向于女性，加上他自身具有"双亲情结"，所以，他对深藏于女性内心的那些秘密知之甚多。同时，萨德格尔还提到为什么诗人们要自己更改故事内容，那些肤浅和矫揉造作东西其实只是在掩盖他们潜意识中的动机。此外，圣经中只记载了朱蒂斯是个寡妇，而在剧中却变成了童贞女。关于这些萨德格尔也有一段详细介绍，我在这里引用如下：那时的动机来源于诗人天马行空的幻想，旨在否认

---

① 公元初年，基督徒还没有取得合法地位，当时的经书只能偷偷传抄，到了二、三世纪罗马教廷编集《新约全书》时，很多传抄的经文因不够权威而被放弃，此后，这些经文便被称为"伪圣经"。——译者注

父母之间的性交关系，所以，在那里母亲成为了一个童贞的少女。在这里我还要在萨德格尔的基础上再补充一点：既然诗人已经认定主角是一个童贞女，那么他就会幻想出处女膜破裂后她可能会产生的各种情绪，诸如愤怒、悔恨等等，从而让他从那个角度进行深入分析。

总而言之，第一次婚姻的献身以及童贞的夺取，虽然可以在某种程度上促使一个女人固定地依赖于一个男人，但同时，又在潜意识中激发了她对男人深重的仇恨之情。这一矛盾持续发展下去可能就会导致心理症，不过更多地还是表现为部分地抑制了性交的快乐之感。这也是许多女人第二次婚姻的幸福程度要远远高于第一次婚姻的原因所在。如此一来，我们便揭开了貌似神秘的处女禁忌，以及由此导致的要求丈夫不可触破妻子的处女膜这一现象的神秘面纱。

很多精神分析学家还会经常遭遇这种病例：有些女人内心既臣服于男人又对男人充满敌意，这两种态度总是相伴而生，有时候同时出现，有时候却又同时消失。很多女人对自己的丈夫态度冷淡，却又离不开他，每一次当她努力去爱别人的时候，眼前却总是不自觉地会闪现出丈夫的影子。但是事实上，她们根本不爱自己的丈夫。通过深入分析还能发现一点，那就是尽管这类女人对自己丈夫的热情并没有消失，但是那种臣服的态度仍然在继续。她们并不希望自己彻底摆脱那种束缚，原

因是她们的报复还没有完全结束。当然，就算已经有很多典型
的案例中将女人的那种情绪体现得淋漓尽致，但女人仍意识不
到自己内心深处居然潜藏着那种深厚的报复欲望。

第四章

"文明"的性道德与现代神经症

　　厄棱费尔（Von Ehrenfels）在最新出版的《性伦理学》（1907年）里，详细区分了自然的性道德及文明的性道德。深入分析作者的观点，能够对上面提到的两点作这样的解释：自然的性道德就是指人类能够一直保持健康和效能的能力，而文明的性道德就是指促使人们加强生产文化活动的能力。作者一直认为，只要深入了解每个人的内在特质和其文化成就的关系，那么两者之间的差别就会不言自明。在针对这个思想做深入思考时，我会为大家转述作者在书中的观点，而这也就是我对这个问题研究的起点。

　　当文明社会的性道德上升至主导地位之后，势必会影响个体的健康和效能，而一旦那种以自我牺牲为代价的损害达到一定程度，就会伤害到文化自身。厄棱费尔也谈及了性道德所带来的各种恶果，而在西方占主导地位的性道德显然就是这些恶个体在性活动频率方面存在的差异，具有极大的社会重要性。我们的公共道德戒律，我们的社会组织，我们的婚姻习俗，我们与性相关的法律，以及我们所接受的教育制度和宗教体系，都将凌架于这样一种基本估价之上：所有个体的性活动都十分相似。

★金赛

果的始作俑者。尽管他充分认可性道德确实在某种意义上讲能够推动社会的文明进步，但是，同时他也认为这种道德必须接受改革。他认为，文明的性道德特征表现为以前对女性的要求现在也延伸到了男性的性生活中，那就是，除了一夫一妻制的婚姻生活，其他所有性生活都是不被接受的。但是，因为两性之间天生的差别，所以如果男性偶尔偷欢受到的惩罚可能会更轻一些，这就等于是在为男性创建双重道德准则。而如果社会已经普遍接受了这个双重的道德准则，又何谈"真理、诚实与人道的热爱"？当这种发展超越了一定界限，人类就变得虚伪，并对一切错误都姑息、纵容，视而不见。同时，这也是对一夫一妻制中性对象的伤害。事实上，在文明社会中，出于对人道或健康的考虑，性的选择已经非常保守，而在不知不觉间，性的选择本身就推进了个体内在结构的演进。

在各种文明的性道德所产生的恶劣后果中，有一种特殊情形与现代社会很多神经症的多发并不断蔓延关系密切，但这一情形却常常为医生常常所忽视，对于这一点我将在后文中再作说明。

有时，某些神经症患者会告诉医生，应该多关注那些引发病症的个体现状和文明要求之间的矛盾冲突。他们提到："我们家人都显得很神经质，因为我们总希望比我们实际中或我们能够预期达到的更好。"事实上，医生有时也会发现，神经症患者的父辈曾经对既简单又快乐的田园生活十分满意，而当他们过上大都市生活后，往往就会在很短的时间内将孩子的生活立刻提升到一个很高的文化档次。而这恰好是很多知名神经科专家反复强调的："现代文明生活很可能就是导致精神症不断增加的诱因。"以下这些著名观察者的论述为我们提供了证明。

厄尔布（W.Erb）说："现代生活能够导致神经（质）疾患不断增长是毋庸置疑的，关于这一点在现实生活中就能找到答案——现代生活的杰出成就，各个领域的发现与发明，为了进步而愈演愈烈的竞争态势，这一切都要在心理上付出极大的努力才得达到并且保持下去。在为了生存而进行的斗争中，个体只有付出全部心理能量，才能勉强应对日趋激烈的巨大需求。同时，各个阶层的需要及对生活的享乐需求都在不断增大，空前的奢侈之风已经延伸到整个社会，而这一切在过去绝对是难以企及的。人们不再重视宗教，社会中到处弥漫着不安和贪婪，而遍布全球的电报与电话网又使得传播系统得以惊人的速度扩张，商贸条件也因此被彻底改变。所有的一切都变得匆忙和无比焦躁不安：人们在白天经商，在夜里旅游，就连出门踏青也令神经系统变得异常紧张。严重的政治斗争、工业与经济危机让整个社会陷于空前绝后的躁动不安之中。政治、宗教以及社会斗争日益严重，人人都参与政治，而政党、竞选及工联主义（trade-unionism）的恣意滋蔓令人气愤，进而使心理更加紧张不安，甚至无法进行正常的娱乐、睡眠及休息，这又进一步加剧了城市生活的烦闷和焦躁不安。人们试图借助各种刺激和快乐来安抚自己日益疲惫的神经，结果反而导致了更严重的精力衰竭。现代文学总是喜欢强调那些容易激起众怒的话题，结果只会激起大家对情欲和享乐的追求，让人们越发漠视伦理道德的蔑视，背离理想，在这些文学作品中人们只会一再看到病态的人物、性变态的行为还有革命斗争等问题。狂躁刺耳的音乐充斥着大街小巷；剧场里上演的一幕幕戏剧刺激着我们的感官；各种所谓的造型艺术热衷于展示所有令人恶心的、无比丑陋的、包含各种性暗示的内容，并将生活中最令人惊恐的现实赤裸裸地呈现在人们眼前。"

通过这段描述，现代文明的各种危险鲜明地跃然眼前，我认为我有责任对这种情景作更深入的补充说明。

宾斯万格（Binswanger）曾经提到："神经衰弱（neurasthenia）是一种现代疾病。首次对这种病症进行阐述的是比尔德（Beard），他提出，美国，是这种新的神经（质）病的易发地区；当然这种假设并不成立。但是，因为比尔德是美国医生，他的研究是建立丰富的临床经验基础上的，所以，我们能就此推断出，神经衰弱很大程度上和现代生活有着极其密切的关系，例如对金钱永无止境的追求，对欲望的放纵，科技的巨大进步导致人与人之间产生了时空的幻觉性障碍。"

克拉夫特–埃宾（Krafft-Ebing）这样认为："很多文明人的生活方式中充满了各种不健康的因素，所以才会迅速滋生很多神经症；而那些有害因素最先会向脑部进攻。在过去的十年里，政治和社会，特别是商业、工业和农业的改变，已经为职业、社会地位及财产等方面带来了巨大的变革。但是这一切都是以破坏人的神经系统为代价的：为了满足不断增长的社会及经济需求，人们不得不持续不断地付出更多的能量消耗，而恢复的可能性却很小。"

在我看来，这种建议或类似的建议其实没什么大的失误，只是还不能够充分解释神经质障碍（nervousdisturbances）的详细情况，同时更加忽视了病因学中最关键的因素。如果不去考虑神经质的不确定因素，而仅仅考虑神经（质）疾患的具体表现，我们就不难发现正是施加在文明人或文明阶层的"文明的"性道德对性生活造成了一定影响。鉴于以往我已经深入讨论过这一问题，这里不再赘述，但我接下来还是会引用我的研究中一些比较关键的点。

通过严格的临床观察，我们能够将神经（质）疾病划分成神经症（neuroses）和精神神经症（psyehoneuroses）这两大类。神经症的表现是，无论是身体还是心理都会出现中毒现象，就好像是神经毒素的过剩或缺乏的一种体现一样。这种神经症统被称为"神经衰弱"，绝对不会遗传，只是因为性生活的有害因素导致的。因为这种症状和这些毒素之间联系紧密，所以单凭临床的观察就能够立刻找到它和性之间的因果关系，而那些被权威人士一再提及的各种社会文明所遗留下来的有害物质，好像和神经症并没有太多关系，这也是我们将性因素看作是神经症的主要原因。

与之相反，精神神经症与遗传有着比较密切的联系，只是病因还不明确。不过，通过一种特殊的研究方法——精神分析法，我们还是能清楚地认识到各种疾病主要来源于潜意识或压抑的观念化情结的活动。我们也同样知道，一般情况下，这种潜意识的情结包含着性的内容，它们主要的来源是人类没有被满足的性欲望，代表着一种性满足。所以，从这点来看，我们应该重点分析那些破坏性生活、压制性活动、歪曲性目标的因素，以此作为分析精神神经症的着眼点。

当然，那些有关神经症中毒性与心因性的理论区分也并不与以下的事实相矛盾，它们同样也是很多神经症患者的致病原因。

如果赞成将性因素作为神经（质）疾患病因的人，同样会认可我接下来的分析。我将在下面更为深入地探讨神经（质）疾患为什么会不断增多。换句话说，我们的文明是以对本能的压制为基础而建立的。在这个过程中，每个机体都必须作出一定程度的放弃，比如放弃人性的权力欲、进攻性及仇恨性。只有这样，物质文明与精神文明才能实现共赢。

毫无疑问，除了特殊情况，只有性欲导致的家庭情感才能使分开的个体心甘情愿地自我克制。在现代文明中，这种自我克制逐步发展且始终处受制于宗教：放弃自己的本能满足而成全公共利益的人被奉若神明；性本能强烈连自己也无法抑制的人，如果不能通过才学和社会地位来证明自己是个伟人或英雄，就必然受到社会的冷遇。

各种研究表明，性本能包含多方面的因素，人类在这方面的发展程度要比其他高等动物更高级，这种发展几乎完全超越了动物的周期性而演化得更加稳定，并能从中获得更大的能量以便用于文明活动，而在此过程中其物质强度并未降低，这种将原来的性目标转移到另一个不具性特征的目标上的能力叫做升华。和升华的文明价值相对应的出现的是性本能的固执倾向，有时这种倾向会引起所谓的变态。性本能的强度因人而异，其中能有多少用于升华也不尽相同，要视个体的先天特征而定。同时，经验及智慧活动对心理器官的影响也能使性本能的升华进一步增强。但是，就好像热能没有办法全部转化为机械能一样，性本能的扩展也是有限的。大部分器官都需要得到一定程度的性满足，否则就会在客观上出现功能性的伤害，主观上出现不愉快的性体验，引发病症。

除了生育，人类的性本能更在意的是获得某种快感，由此着手，可以拓宽我们的研究视野。这一点也能够从婴儿的活动中找到痕迹。婴儿期的快感可以无须通过性器官而由身体的其他部位（快感区）获得，甚至无须任何客体也能完成，这一阶段就叫作"自体性欲"期。我们倾向于认为，应对孩子的这种行为加以限制，否则长期发展下去会导致性本能的失控和性本能的丧失。性本能的发展起源于自体性欲，随后发展到"对象恋"，从快感区的独立存在发展到从属于生殖器的主导，这样就有了生育的概念。在整个发展过程中，那种自体兴奋因与生育功能无关而受到了压抑，并在适当的时候被升华掉了。所以，我们可以这样认为，从某种意义上讲，正是这种对性兴奋中错乱成分的压制促进了文明的发展。

我们可以将文明的发展也划分为三个阶段：第一阶段，性本能与生育无关，只是一种自由活动；第二阶段，生育之外的其他性行为都受到一定程度的压制；在第三阶段，生育成为了"合法"的性目标。当今"文明的"性道德指的就是性本能的第三阶段的特征。

如果将第二阶段看成是发展的中间阶段，那么我们就无法否认，仍然有一部分人因为生理结构的原因还无法适应这个阶段。到目前为止，还没有人能够彻底完成上面所说的，从性本能最初的自体欲望发展到性器官联合活动的对象爱恋这一过程。这就从另一个角度证明了，所有性欲都必然要受到阻碍和干扰，而这些干扰与障碍会导致两种恶果。

一是性反常，因为将性欲固着于婴儿水平，导致生育功能受阻；二是同性恋或性倒错，这类人令人费解的是，其性目标并不是异性。看上去，这两类人的数量并不像我们想象的那么多，这是怎么回事呢？原来，就算性本能的一个或多个成分发展受到阻碍，其他成本也会联合起来去弥补，从而使人类的性生活走上正轨。而且，令人意外的是，性倒错者或同性恋者倒是经常因其性本能的文明升华而取得非常成就。

当然，如果性倒错者或同性恋者发展到

科学界对性的讨论中，也极少有人注意到人类行为的广泛多样性。许多著作中的结论仅仅是来源于作者个人的经历。特别是连一些学者都在使用"正常的"或"反常的"这类术语，这一点实在令人惊讶。因为这最多只不过是表明这位学者是在按照自己的个人口味处理客观资料，其"研究"不过是基于个人立场而做出的表白。

★金赛

了极致，就会被视为异类，为社会所不齿。不得不承认，就算处在文明的第二个阶段，也总会有部分人因为无法达到要求而历尽艰险。那些因自身体质异常而蒙受苦难者的命运是由性本能的强度决定的。不过，好在这类人中的多数性本能的强度都较弱，所以能成功地压制住自己的反常倾向，不与其所处的文明阶段的道德要求发生冲突。但这也就是他们最理想的状态了。因为仅压制性本能就耗尽了他们的全部精力，所以，他们无法再在文化活动中有所成就。这也是我们即将提到的在文明的第三个阶段禁欲的人最后的下场。

如果一个人的性本能很强烈，并且是倒错的，那么他就不得不面对两种结果：一种是冒着背离文明标准的危险一直倒错下去；另一种是在教育和社会要求的深入影响下，压抑自己的倒错本能，最后却归于失败。之所以说这中压制是失败的，是因为虽然从表面上看，这种被压抑的性本能已经没有明显了的行为表现，好像是成功了，但却从别的方面又表现了出来，这还不如毫不掩饰地压抑更好，因为与其让它伤害社会，给别人也带来危险，还不如让它只伤害个体。从长远看来，这种情形只是本能遭到压制之后的替代品，它有一个我们都熟悉的名字——心理症。

心理症患者生来"叛逆"，文明要求对他们施行的压制只能作用于表面，而且最后往往还是以失败告终。所以，他们必须付出极大的努力才能够满足文明的要求。而这往往要以内心空虚，饱受心魔困扰为代价，我们把这种心理症看作是性反常的"负面结果"，之所以这样说，是因为心理症患压抑的性反常倾向会部分经由心理的潜意识表现出来，而实际上，这种被压制的倾向与明显的性反常是一回事。

　　各种经验证明，对于大多数人来说，自身天赋总是有一定限度的，如果超过这个范围，就无法再跟上文明的要求。所以，那些不顾自身天赋如何，只是一味追求"崇高"的人，最终便容易沦为心理症患者。如果他们表现得不那么积极，也许情况还会更好一些。假如深入研究一个家族中一代人的行为，往往就能证明性倒错和精神症是同一种现象的正反两面。例如，如果在一个家里男孩是性倒错者，那么女孩往往就是神经症患者。尽管从女人的角度而言，她的性本能和哥哥相比要弱很多，但是她却往往表现出和哥哥一样的性倾向。所以在很多家庭中，男性是健康的，但却是道德败类，而与他同属一个家庭中的女人相比之下倒是优雅高贵，但是不幸的是，她们患上了重度神经症。

　　文明标准要求每个人都具有相同的性生活方式，这恰好体现出了社会的不公正性。事实上，因为天性不同，有些人能够很轻松地适应社会的需求，而有些人则要为此付出心理上的巨大牺牲。不过，因为在现实生活中，人们并没有那么遵守道德规范，所以也至于产生那么严重的结果。

上述问题主要存在于文明的第二阶段，主要表现是，凡是性倒错的性行为都要受到禁止，而凡是正常的性交都可以自由进行。研究发现，即使人们已经将性自由和性禁忌划分得如此明确，还是无法避免下列情况：有些人因为性倒错而遭到鄙视，有些人虽通过各种途径避免了性倒错却不幸患上了神经症。那么，如果将性自由限制界限提升到文明第三个阶段的水平，即只有婚姻内的性行为才是被允许的，那结果就更不言而喻了：一定会有越来越多性本能强烈，天性暴怒的人来公然抵抗文明的要求，而那些先天比较懦弱的人不仅要承受现代文明带来的压力，同时还要抵御来自本能的冲动，这种冲突也会使神经症患者的数量瞬间激增。

在此，我们必须面对以下几个问题：

1. 个体在文明的第三个阶段的要求之下要承担什么责任？

2. 那些满合法的性满足能否为其他被禁止的性行为提供补偿？

3. 禁忌所带来的恶劣结果与文明之间有着怎样的关系？

要想回答第一个问题，就要从性禁忌着手。文明的第三阶段规定男女双方在婚前都要禁欲，对于独身者来说，则要保持终身禁欲。大部分权威人士普遍都认定性禁忌对人的身体健康并无害处，而且可以控制，就连医生也对此表示认同。但是，即使个体付出全部心力也未必能有效控制住如此强烈的性冲动。通过升华，将自身的性本能从性目标有效转移到更高层次的文化目标，这对处于炽热旺盛的青春期的人来说，实在是难以坚持，所以很多人或是因此患上了心理症，或是受到了某种伤害。从以往的经验来看，大多数人在天性上是不能适应那种禁忌的。尤其在当今的社会文化背景下，在各种性道德的束缚下，即使很微小的性禁忌也会令人随时患病或犯下更为严重的错误。可以这样认为，如果因为先天的缺陷或发展障碍而导致无法进行正常的性生活，那么最好的消除方式就是性满足本身。对于一个人而言，他越是容易患上神经症，就说明他越难以忍受各种性禁忌。就像前面叙述的那样，如果他摆脱了正常的发展本能，那么一切将会变得更加飘忽不定。即使一个人能在文明的第二个阶段要求下能够保持身体健康，现在也有很大的几率患上神经症。实现性满足的机会越少，人们就越发觉得它珍贵，那些被压制的原欲一直在伺机而动，最终，通过替代对象实现了病态的满足变态，由此致病。只要你熟悉心理症的致病原因，就一定知道当今社会心理症不断增多的原因就在于性禁忌。

　　下面我们来探讨下一个问题，也就是结婚以后的性交是否能够在一定程度上补偿婚前的禁忌。对此，各种反对意见层出不穷，我在此作一个简要的总结。

在诸多影响性活动的社会因素中，起到最大作用的很可能就是婚姻状况。它既能影响频率，又能影响性释放时所要通过途径的种类和量的多少，因此我们必须对它加以深入分析。

★金赛

首先，我们知道，婚后的性生活也要受到性道德的约束，也就是说夫妻只能通过少数的、有助于生育的动作来达到相互满足，在这种情况下，令夫妻双方满意的性交往往只能维持几年的时间，这其中还要将因顾虑妻子的健康而控制欲望的时间排除在外。如果我们把婚姻的主要目的比作是为了满足性需求，那么不出三年五载，婚姻也就名存实亡了，因为节育极大地影响了性生活的快乐，同时破坏了夫妻间很多美好的情感，甚至会引起很多疾病。由于时时需要为性交的结果操心，所以夫妻之间的亲密感也荡然无存。

因为双方内心产生了隔膜，所以原本激情四溢的爱情生活也开始变成了一潭死水。来自精神和肉体的双重失望使夫妻双方的状态结婚之前，甚至因为幻觉的破灭，比婚前的状况还要糟糕。此时，他们唯有调动起全部意志力来控制本能并将其转移。我们大可不必去想象一个成年男子对性生活的节制，因为事实一再证明，不管性戒律有多严苛，他们总会有办法偷偷地利用一切方便条件来进行自我释放。其实，就连大的社会环境也早已默认，对于男人，那些性生活的各种清规戒律压根儿无效。同时，经验也再次表明，承担繁衍人类重任的女性用于升华的性本能并不多，尽管在婴儿吮吸时，让她们感觉似乎找到了充分的性对象替代者，但是随着孩子长大，那种感觉又消失不见了。正如我一再强调的，婚姻的失败往往会导致女性患上很严重的心理症，而且那种阴影也许会终身伴随着她们。现代文化背景下的婚姻根本无法起到治疗女性心理疾患的作用。所以，尽管身为医生的我们仍支持让女孩走进婚姻，但我们也必须承认，能忍受婚姻的女性必定要有个先决条件，那就是她必须非常健康。我们同时也告诫那些男性患者，一定不能选择那些有过心理疾病病史的女孩子结婚。尽管有时，婚后偷情可以在一定程度上舒缓心理疾病，但是女孩受到的教育向来保守，她们只会服从当代文明对性生活的禁锢，不敢去偷情。此时，为了挣脱欲望与责任感的纠缠，她就会向心理症求助，把这里当成避风的港湾。婚姻的本质原本应以满足文明人在青春期的性本能为出发点，但很可惜，它却无法做到这一点。所以，可以得出这样的结论，婚姻并不能成为婚前禁忌的补偿。

　　既然我们已经确定了现代文明的性生活确实会产生危害，那么第三个问题也就迎刃而解了。也许有人认为，普遍禁欲推动了文明发展，副作用是使少部分人患上了很严重的心理疾病，既然患病的人是少数，那这种做法也可以算是利大于弊。但是，得失的轻重程度从来就不应成为判断正确与否的标准，事实上我会更重视失的一方的判断。关于禁欲，我始终坚信，它所造成的严重影响远不止心理症这么简单，而且心理症的危害，在很大程度上也并没有得到社会的充分重视。

我们的教育及文明的主要目的是延缓性发展和性活动，当然，这种延缓在初期并没有产生多么严重的影响。而且，鉴于很多受过高等教育的年轻人通常会独立得比较晚，所以延缓在那个层面来说是必要的，同时，这也提醒我们，文化机构之间有着密不可分的联系，牵一发而动全身。但是，一旦要求20岁以上的人也禁欲，那就不可避免地会招致强烈的反对。就算那样做并不会导致神经症的产生，也不可避免会引起其他的危害。

事实上，压抑性本能确实会有助于人们将精力转移到伦理及美学等其他方面去，这会在无形中强化一个人的性格，所以，在当今社会，人与人之间性格的差别，也会体现在他们对性的控制程度上。可问题是，很多人耗尽全力压制性本能的时期，多半也是需要他殚精竭力追逐事业成功与社会地位的全盛时期，而此时，他的大部分能量却已经消耗在对性的抗争中了。当然，个体的差异以及行业的差异，都会直接影响到个体性活动的多寡，以及能从大多程度上升华性本能。我们说，禁欲的艺术家并不常见，但是提倡禁欲的年轻学者却很常见。这是因为艺术家的灵感往往来源于性经验的强烈影响，相较之下，年轻学者则会因控制了性本能而能更好地更多地专注于研究工作。总而言之，我的观点是，禁欲不仅压制了人的活力和自立能力，更压抑了那些充满创造力的思想家及勇于抗争的解放者、改革者，它创造出的是一批循规蹈矩的弱势群体，他们只放任随波逐流，同时不情愿地任强者随意摆布。

尽管对于禁欲，人们已经拼劲全力，但是人类性本能是很顽固并且难以改变的。文明社会的各种教化只能在某种程度上控制婚前性行为，但是之后就没有太大的作用了。其实，一些极端的措施要比单纯的压制更为有效，但是，人们显然并不情愿自己的性本能被压制得如此厉害，所以一旦性本能得到放纵时，就会带来长久的伤害。因此，对一个年轻男子来说，彻底的禁欲对他的婚姻来说一定是非常不利的。而对这点有一定认识的女子，往往愿意选择那些已经在其他女子身上验证过自己的男子气概的人做丈夫。

教育对于女子性欲的压制简直可以用严酷来形容，它不仅明令禁止性交，更大肆宣扬性贞操的重要性，使每个女人对婚后的性生活及自己所扮演的角色一无所知，只能默默忍受爱情的冲动，竭力克制自己在成长中的任何诱惑。最终导致的后果

对于性教育，人
们感兴趣的是如何去
制订一种课程表，用
此来满足于处在某
一教育水平上的儿
童——所有儿童！然
而，人们却始终在无
视这一事实：某个体
可能对性会持有相对
消极的评价，而另一
个其他个体却可能发
现，他（她）根本无
法将自己限定在如此
之低的性活动水平之
中。

★金赛

是很严重的——当她终于被父母许可大胆去爱时，她已经无法适应那种心理成就，她们往往是茫然地步入婚姻殿堂的。这种外力作用下的性延迟使得她无法对自己的配偶有所回报，原因是情感上她仍然归属于父母，在父母的权威下她的性生活倍感压抑，以至于她会表现出很强的性冷淡，与之相对的，此时他的丈夫也无法从性生活中获得真正的快感。

尽管我不能确定那些没有受到过文明教育的女子是否也会出现这种情况，不过客观上讲，我认为这完全有可能。但是，不管怎么说，都是教育导致了这种结果。那些并未从性生活中获得快感的女子，当然不会心甘情愿地接受生育所带来的痛苦。从这方面而言，这种婚前的准备反而变成了实现婚姻目的的一大障碍。虽然妻子也可能会慢慢地克服障碍，同时唤醒自己的性高潮，但到那时，她和丈夫的关系早已无法挽回了。作为驯服的产物，她只能忍受这样几个可能的结果：性欲望无法得到满足，偷情或患上神经症。

　　一个人对性行为的态度也会影响到他对生活中其他事情的处理态度。也就是说，如果一个男子对性爱的追求很热烈，那么他对其他的目标也会抱着同样执着又热切的精神去实现。但是，不管出于什么原因，如果一个人极力压抑发自本能的性快感，那么他的行为就会变得比较谦和和顺从，这一点在女性身上表现得更为明显。起初她们对性生活充满好奇，但是，长久以来的封闭式教育还有女性的矜持使得她们无法对这个问题进行深入思考，加之外界一直宣扬女人有这种想法是不洁与罪恶的。最终，她们失去了探讨任何心智问题的勇气，也不再对任何知识感兴趣。这种来自性领域之外的思想压制，一部分源自于必然出现的自由联想，另一部分就好像人们对宗教禁忌的自发遵从，或是自动阻隔与自己信仰不符的想法一样，是自动生成的。莫比斯（Moebius）曾提出一种观点，他认为女性与男性之间心智上和性冲动方面的差异是生物学因素造成的，这一观点一经提出就遭到了大家的强烈反对，我也不例外。我始终坚持，造成女性的智力劣势的罪魁祸首就是受到压制的性欲。

　　谈到禁欲，很多人都无法分清楚到底指的是禁止所有性活动还是只禁止和异性的性交。事实上，很多声明自己已经成功禁欲的人，都在是通过手淫及其他和婴儿时期自体性活动相似的行为来满足性欲。其实，这种退回婴儿期的性生活十分有害，极易导致心理症和精神神经症，除此之外，手淫也并不符合文明的性道德规范，极易使年轻人陷入与教育理想相冲突的矛盾里。这种过度的放纵甚至破坏了人的性格，因为对性欲的态度也直接决定了他对人生的处事方式，所以，久而久之让他就会下意识地躲避一切障碍，只喜欢通过走捷径来达到人生的某些目标；其次，他们对性满足充满了过度的幻想，这会使他们在现实生活中无法找到幻想中那么优秀的性伴侣。曾经有位诙谐的作家克劳斯在维也纳出版的刊物《火炬》中，讽刺过那个充满矛盾的真理，他曾经形容道："性交只不过是手淫的并不完美的替代。"

文明社会对性道德要求极其苛刻，同时又强调禁欲的重要性，如此一来，异性之间的性交就变成了禁欲的焦点，而相比之下，其他性生活却得到了解放。因为正常的性交受到道德的严酷压制，同时又出于怕染病的健康考虑，异性间便开始用其他部位代替性器官进行性活动，这便是异性间倒错的性交，毫无疑问，这样只会带来更严重的社会问题。这种行为的性质与在爱情关系中选取性目标截然不同，它既是有害的，从伦理角度上说也是让人无法接受的，因为它让两性之间的爱情沦为一种随便的游戏，其中不仅不具任何冒险性，更无须耗费心智。一旦正常的性生活出现问题，最直接的后果就是导致同性恋数量的激增。除了一些生理原因或童年的影响，大部分同性恋患者都是成年以后才演变而成的。成因大多是力多比受阻，导致肌体只能寻求别的方式发泄。

这便是禁欲造成的恶果，它们既无法避免，也不能控制，而婚姻也会因此被彻底摧毁。在文明的性道德观中，婚姻是以性冲动的满足为唯一目的的，而手淫或倒错的性行为，导致男性逐渐习惯了那种不正常的性满足，最终严重影响婚后性能量的发挥；同样的道理，如果女性为了保护自己所谓的贞操而选择了其他类似的方式，也会导致婚后性冷淡。如果男女双方的性能力都极低，那么婚姻也就维持不了多久了。女性的性冷淡倾向本可由一次强烈的性经验缓解，但不幸的是，她的丈夫偏偏性能力低下，那么，相较于健康的夫妻，这种夫妻更加难以施行避孕，因为避孕工具会进一步束缚丈夫的那本就低下的性能力。随着夫妻之间性交的一次次失败，最终双方只能放弃那段失败的婚姻。

这里，我要请各位学者注意，我对这一事实的描述并无夸大之处，这些事实都是最普遍也最明显的。很多不具备专业知识的人都不相信性能力正常的丈夫非常少，而性冷淡的妻子却很多，他们也不知道夫妻双方为了维持婚姻牺牲了什么，而幸福又是如何的遥不可及。这种现象发展的最终产物就是心理症，而且，其危害还会直接影响并波及到后代的身上。

大多数人都认为孩子的病态心理遗传自父母，但是通过进一步分析就会知道，事实并非如此；这种病态实际上是孩子童年时期强烈的印象所导致的结果。因为妻子长期从丈夫那里无法得到性满足，久而久之就会越发的神经质。作为爱的转移，她会对孩子表现得越发温柔和体贴，最终导致孩子的性早熟。同时，父母之间关系紧张又会对孩子的感情造成刺激，使孩子在幼小的年纪就不合时宜地体会到了的爱与恨的情绪。而这种家庭往往对孩子管制更为严格，以致孩子的性活动也受到压制，这就为其日后患心理症埋下了隐患。

这里，我要再次重申我之前曾强调过的一点，那就是，人们总是错误地低估心理症的严重程度。我这样说绝不是无的放矢，我们经常会看到，很多时候，某个人已经患病，其亲属却仍不以为然，甚至就连医生的诊治也是敷衍了事——医生总会告诉病人只要进行数周的冷水浴或休息几个月就可以恢复。事实上，这都是无知的表现，或是外行人的错误意见，这些方法只能让病人享受片刻的安慰，根本不可能彻底治愈他们。如果长期受心理症所扰，那么患者即使无性命之忧，也会长期背负程度等同于患肺结核或心脏病所引起的后果。一部分患者因此而形同废人，而另一部分患者虽然症状不重，但也必须时刻忍受精神上的痛苦。而不管心理症的程度如何，也不管是在什么时间患上，都会对社会文明造成严重的破坏。因被认定为有害而遭到社会文明长期压制的精神力量，到头来终会反噬。社会制定的道德规范强迫人们去服从，最终却换来了心理症的激增，如果是这样，那么，不管这些道德规范最终为社会文明作出了什么贡献，事实上仍是毫无价值。

我们一起来看一个比较常见的例子：一个女人根本不爱自己的丈夫，而且从她个人的状况分析可知，她也的确没道理爱上他。但是，她所受的教育却告诉她，要想让婚姻理想，必须努力去爱自己的丈夫。所以，这个女人必须压抑能够体现自己真情实感的每一种冲动，作出各种特殊的努力，力争让自己成为一个称职、贤惠又温柔体贴的好妻子，从而达成这种理想状态。这种不断的自我压制最终便会导致心理症，而这对丈夫而言，无异于是一种报复。事实上，因为产生这种疾病，丈夫更加无法获得满足，同时会担心自己的妻子，与其那样，还不如接受妻子并不爱自己的事实更简单一些。由这个例子我们便能清楚地看到心理症患者会造成什么影响。

不只性冲动，其他一些不利于社会文明的冲动在遭到压制后，往往也得不到补偿。例如，一个男人为了压制先天残忍的本性，让自己变得异常善良。为此，他已花费了极大的精力，而此时补偿作用所能提供给他的远不及他所付出的。说得具体一些，就是因为精力有限，现在他所做的善事还不如之前多。

同时，我们还应清楚一点，那就是无论在哪个群体中，对性活动的限制都会引起人们对生活的普遍焦虑及对死亡的恐惧，如此一来，人们不仅不能好好享受快乐，还会因恐惧感的增加而丧失冒险精神和大无畏的勇气。这一切必然导致生育率的降低，而一个不能繁衍后代的民族注定迟早会灭亡。由此，我们不由会产生这样的疑问：我们为这种所谓文明的性道德殉葬真的值得吗？特别是我们还将享乐主义作为我们文化发展的目标之一，并以追逐个人幸福人生目的的时候。

客观上来讲，身为一名医生，本来无权对改革多加置喙，但出于本分，我还是参考伦费斯先生的意见，对文明社会的性道德所带来的严重后果，以及它和现代患心理症人数增加之间的关系进行了阐述。而我之所以要再次强调这件事，只是为了让大家意识到，对文明社会性道德的改革已经迫在眉睫了。